实践与创新：思想政治教育教与学研究

主　编　徐世甫
副主编　徐俊峰　杨　华

上海大学出版社
·上海·

图书在版编目(CIP)数据

实践与创新:思想政治教育教与学研究/徐世甫主编.
—上海:上海大学出版社,2021.12
ISBN 978-7-5671-4419-4

Ⅰ.①实… Ⅱ.①徐… Ⅲ.①高等学校-思想政治教育-教学研究-中国 Ⅳ.①G641

中国版本图书馆 CIP 数据核字(2022)第 000396 号

责任编辑　徐雁华
封面设计　缪炎栩
技术编辑　金　鑫　钱宇坤

实践与创新:思想政治教育教与学研究

主编　徐世甫
副主编　徐俊峰　杨　华
上海大学出版社出版发行
(上海市上大路 99 号　邮政编码 200444)
(http://www.shupress.cn　发行热线 021-66135112)
出版人　戴骏豪

＊

南京展望文化发展有限公司排版
上海华教印务有限公司印刷　各地新华书店经销
开本 787mm×1092mm　1/16　印张 14.25　字数 204 千字
2021 年 12 月第 1 版　2021 年 12 月第 1 次印刷
ISBN 978-7-5671-4419-4/G·3428　定价　62.00 元

版权所有　侵权必究
如发现本书有印装质量问题请与印刷厂质量科联系
联系电话:021-36393676

目 录

教 师 篇

"四史"教育与"马克思主义基本原理"课的融合路径
　　研究 …………………………………… 程 霈 刘会强 （3）
新时代党史教育融入高校思政课教学的路径探究 ……… 李先悦 （12）
新时代高校思想政治理论课话语体系建构的顶层设计 …… 于智慧 （21）
高校思想政治理论课建设的探索历程和经验启示
　　…………………………………………… 陈 宝 薛丞志 （29）
上海红色文化资源融入思想道德与法治课教学初探 …… 龙 洁 （36）
高校党史教育和榜样教育资源的有效应用 ……………… 梁 莹 （45）
创新制度安排：新时代大学生社会主义核心价值观
　　教育研究的新视域 ………………………… 储德峰 曾 淋 （53）
时代新人视域下的研究生思想政治教育研究 …………… 范迎春 （64）
马克思风险社会视域下高校党史教育的挑战与强化 …… 颜湘颖 （71）
培养时代新人与培育社会主义核心价值观 ……………… 蒋翠婷 （77）
思想政治教育在时代新人培育中的突出作用 …………… 秦 关 （84）
马克思主义中国化的历史起源与当代启示 ……………… 李望根 （90）
中华优秀传统文化传承与融入思想政治教育的路径 …… 陈 婷 （96）
党史教育中的国学智慧 …………………………………… 周 丹 （102）

中华优秀传统文化的创造性转化与创新性发展探析 …… 徐 锐（108）

学 生 篇

"四史"融入高校思想政治理论课的内在逻辑研究
………………………………… 梁哲锦 张森年（117）
党史教育融入高校思政课教学路径探析 ……… 魏思婕 陈 宝（126）
长征精神融入高校思想政治教育的时代价值及实践
路径 …………………………… 张誉瞳 侯天佐（133）
人类命运共同体理念融入高校思想政治教育的必要性…… 张 珺（143）
以井冈山精神培育当代大学生的理想信念 …………… 鲁海兰（151）
红色文化资源融入高校思想政治教育路径探析 ………… 蒿 哲（158）
深化大学生党史学习实效性的探索与思考 …………… 向科敏（164）
新时代加强青年理想信念教育的主要路径探析 ………… 张娇娇（172）
改革开放以来我国脱贫致富的历程、成就与经验 ……… 窦一民（181）
"大思政"视域下高校生态文明思想教育初探 ………… 唐佳敏（190）
新时代构建高校网络学生路线的对策探析 …………… 邹春雨（198）
网络舆论视域下大学生思想政治教育路径探究 ………… 蒋玲玲（207）
自媒体视域下大学生榜样教育的实效性研究 …………… 葛 秀（216）

后记 ………………………………………………………（222）

教师篇

"四史"教育与"马克思主义基本原理"课的融合路径研究

程 霈 刘会强

【摘要】 "四史"教育融入马克思主义基本原理课(以下简称"原理"课)既是必要的,也是可行的。必要性在于,通过融合可以相互促进、相得益彰,取得双赢的教学效果;可行性在于,两者的育人目标一致,而"原理"课在弄懂"四史"教育的重点"三个为什么"方面独具优势。融合的路径可以依照"三进"的模式展开,难点在于"进头脑"。为此,应当创新教学方式方法,多措并举提高教学效果:学生自主学习与教师课堂教学相结合,形成教学共同体,共同提高教学实效性;实践教学与理论教学相结合,发挥红色资源的教育作用,提高参与性和现实感;线上教学与线下教学相结合,师生共同使用好网络平台和资源,提高教学的吸引力。

【关键词】 "四史"教育;"原理"课;融合路径

在中国共产党成立百年之际,以习近平同志为核心的党中央决定在广大党员干部中开展"四史"学习教育活动,同时要求把学习和贯彻党的创新理论"同学习党史、新中国史、改革开放史、社会主义发展史结合起来"。于是,一个新的课题就摆在了广大高校面前,这就是如何实现"四史"教育与大学生思想政治教育的有效对接。在这方面,思想政治理论课作为对大学生进行党的创新理论教育的主渠道可谓责无旁贷、义不容辞,具体到"原理"课来说同样如此。在我们看来,将"四史"教育融入"原理"课,不仅十分必要,而且具有现实可行性,只要方法得当,就能取得双赢的教育教学效果。

一、"四史"教育与"原理"课融合的必要性

"四史"教育融入"原理"课的必要性在于两者可以相互促进、相得益彰:"原理"课可以借助"四史"内容的丰富性、生动性,化解大学生对基本原理的抽象性的畏难情绪,而"四史"教育通过融入"原理"课能够促进自身教育目标的实现。党史是"四史"教育的核心,要突出"学史明理、学史增信、学史崇德、学史力行"的目标要求,"原理"课重在阐明马克思主义的立场、观点和方法,有助于上述目标的达成。

(一)"原理"课助推学史明理,帮助大学生树立正确的历史观

"欲知大道,必先为史。"中国共产党向来重视历史教育,注重从历史的经验教训中得到启迪、获得定力和智慧。此次"四史"教育将"明理"作为首要目标,目的就是要通过"四史"教育让广大党员干部明晰中国共产党100年、新中国70余年、改革开放40多年的历史发展脉络,知晓中国人民选择中国共产党、中国特色社会主义道路是完全符合人类历史发展规律和发展方向的。对于人类历史规律的详细阐发、全面讲解正是"原理"课的主要教学内容,通过特定的教育教学方法,使学生熟悉和掌握人类历史发展的一般规律,资本主义社会的特殊规律,社会主义从空想思潮直至建设、发展的基本规律。如果说"四史"教育是由史而入理、借史而明理,那么,"原理"课则是通过系统学习引导学生以历史观的高度知理、晓理。因此,应当充分重视两者融合的意义和价值,自觉把党的创新理论、"四史"知识与学习马克思主义基本原理贯通起来,引导大学生用唯物史观和大历史观来认识"四史"。

(二)"原理"课助推学史增信,帮助大学生增强信仰、信念与信心

"四史"教育的关键是"增信",通过"四史"教育,坚定党员干部对马克思主义、中国特色社会主义的信仰、信念和信心。从根本上讲,"四史"教育是以历史为教材的思想政治教育,首要的就是把握其政治方向,通过历史

学习凝聚实现中华民族伟大复兴的精神力量。对于当代大学生而言,补上"四史"教育这堂课,通过学史而增信显得尤为紧要和迫切。这是因为随着互联网的普及和经济全球化的深入发展,西方自由主义思潮借助网络空间进一步渗透,"唱衰中国论"、诋毁历史、丑化英雄等历史虚无主义言论层出不穷,对高校学子带来了多重冲击,不少学生由此陷入价值取向的迷茫中,认为学习马克思主义是过时的、没有必要的,这对"原理"课的正常教学也产生了严重阻碍。因此可以认为,推动"四史"教育融入"原理"课正当其时。在"原理"课教学中,将鲜活的历史教育与深入的学理分析结合起来,一方面让历史出场,帮助大学生通过学习"四史",获得对新中国、中国特色社会主义曲折进程与历史必然性的正确认知,自觉形成消除历史虚无主义的思想屏障。另一方面让理论出场,从政治性与学理性相结合的角度展开教育教学,引导大学生从思想根源上认清种种错误言论的虚妄性,提升和巩固他们对马克思主义、中国特色社会主义的认同感和信任感。

(三)"原理"课助推学史崇德,帮助大学生涵养高尚的道德品质

学史崇德,要求在"四史"教育中明辨是非优劣,从历史人物事迹中传承优良作风、提炼高尚品质。在世界社会主义500年的漫长历史上,在中国共产党100年、新中国70余年的辉煌历程中,有无数的先进知识分子、革命先烈和英雄们为了人类进步事业前仆后继,为了实现崇高理想而献出生命,他们的事迹可歌可泣、令人动容。大学生从他们身上可以获取道德的滋养、向上的力量。诚然,崇德应该是"思想道德与法治"课的教学目标和教学任务,不过"原理"课同样可以有所作为。一方面,道德、法律、精神文明作为观念上层建筑的重要组成部分,历来是"原理"课教学不可或缺的主要内容;另一方面,对历史人物、英雄事迹的分析,离不开正确的方法论,而方法论的教学同样是"原理"课的分内之事。可见,在崇德方面实现"四史"教育与"原理"课的融合并非牵强附会。在实际教学中,"原理"课教师应当运用"四史"中的生动实例,讲活讲透教材中关于道德、法律、精神文明方面的基本观点,让学生形成理论层面的正确认知。在分析历史人物和事件时,注意正确运用历史分析法、阶级分析法、辩证分析法,避免全盘否定、全面肯定的形而上学思维方法,深入挖掘先辈们的精神闪光点,将其优秀

品质作为学生成长和前行的道德标杆。

(四)"原理"课助推学史力行,帮助大学生形成勤学实干的习惯

"力行"是"四史"教育的目的。对于大学生来说,学史力行就是要在"四史"教育中明确使命担当,志存高远、勤学实干,为实现中国梦贡献力量。在这方面,"原理"课的优势得天独厚。一方面,实践的观点是马克思主义理论的重要内容。马克思主义在创立之初就将"改变世界"视为历史使命和奋斗目标,列宁认为:"生活、实践的观点,应该是认识论的首要的和基本的观点。"[①]毛泽东指出:"真理的标准只能是社会的实践。实践的观点是辩证唯物论的认识论之第一的和基本的观点。"[②]另一方面,实干精神是贯穿马克思主义发展史、马克思主义中国化的基本精神。马克思、恩格斯不仅从历史规律的高度指明了无产阶级解放事业的合理性、必然性,而且作为精神领袖,他们以极大热情投身当时的国际工人运动中。马克思主义的继承者无不是身体力行的楷模、实干精神的表率。因此,"原理"课应将自身优势与"四史"教育对接,不仅要在课堂教学中大力宣讲实践理论、实践精神,而且要通过实践教学,引导学生运用正确的方法思考和解决社会问题,增强历史责任感,自觉参与到国家发展和民族复兴的事业中来。

二、"四史"教育与"原理"课融合的可行性

"四史"教育与"原理"课在教学目标和教学内容上的一致性,体现了两者内在的契合度,为融合教学提供了切实的可行性。

(一)"四史"教育与"原理"课在目标上具有一致性

"四史"教育的目的是通过系统学习中国共产党、新中国、改革开放和社会主义的发展历程,深入了解其中蕴含的人类历史发展规律,自觉抵制历史虚无主义的错误思潮,引导大学生坚定理想信念,以实际行动投身新时代中国特色社会主义建设。上述目的与思政课的教育目标并无本质差别,都是立德树人,仅是分工不同而已,前者偏重历史教育,后者注重理论

---

① 《列宁选集(第二卷)》,人民出版社2012年版,第103页。
② 《毛泽东选集(第一卷)》,人民出版社1991年版,第284页。

教育。习近平总书记强调,思政课是落实立德树人根本任务的关键课程。所谓立德树人,就是教育学生树立马克思主义的信仰,坚定中国特色社会主义的共同理想,自觉践行社会主义核心价值观,成为中国特色社会主义建设的合格接班人。当前,高校思想政治教育主要通过思政课这一主渠道展开,已形成完整的思政课体系。"原理"课作为其组成部分,承担着对大学生进行马克思主义立场、观点、方法教育的任务,目标在于使之形成对马克思主义的正确认知和科学信仰,为成为合格的社会主义建设者打下坚实的理论基础。这也是"四史"教育的目标所在。

(二)弄懂"三个为什么"是"四史"教育的重点,"原理"课在这方面独具优势

习近平总书记在福建考察时提出:"要从党的辉煌成就、艰辛历程、历史经验、优良传统中深刻领悟中国共产党为什么能、马克思主义为什么行、中国特色社会主义为什么好等道理,弄清楚其中的历史逻辑、理论逻辑、实践逻辑。要深刻领悟坚持中国共产党领导的历史必然性,坚定对党的领导的自信。要深刻领悟马克思主义及其中国化创新理论的真理性,增强自觉贯彻落实党的创新理论的坚定性。要深刻领悟中国特色社会主义道路的正确性,坚定不移走中国特色社会主义这条唯一正确的道路。"①这段讲话表明"四史"教育不是一般意义上的知识扫盲活动,重中之重是领会"三个为什么"的道理,进而达到"增信、崇德、力行"的目标。正是在这方面,"原理"课可以发挥其他思政课无法替代的作用。

1. 教育大学生从科学世界观的角度明晰马克思主义的真理性

领会"三个为什么"的关键在于明白马克思主义为什么行。习近平总书记指出:"中国共产党为什么能,中国特色社会主义为什么好,归根到底是因为马克思主义行!"②要明了"马克思主义为什么行"即何以具有深刻改变世界和中国的强大能量,一个基本前提是知晓马克思主义是什么,知晓它揭示了什么规律、讲述了什么道理。这恰恰是"原理"课的教学内容和

---

① 习近平:《用好红色资源,传承好红色基因 把红色江山世世代代传下去》,《求是》2021年第10期。

② 习近平:《在庆祝中国共产党成立100周年大会上的讲话》,人民出版社2021年版,第13页。

教学目的。大学生通过学习可以认识到,马克思主义之所以行,在于它的真理性、科学性;在于它深刻揭示了人类历史的发展规律、资本主义社会的发展规律,深刻揭示了社会主义取代资本主义的历史必然性;在于它把认识世界的理论工具、改造世界的思想武器交给了无产阶级。掌握了这个真理的中国共产党一旦成立,中国革命的面貌就开始为之改变,而马克思主义的普遍真理一旦开始与中国革命、建设的实际相结合,就开始了中国化的过程。

2. 教育大学生从基本原理的角度认清中国特色社会主义的合理性

对"中国特色社会主义为什么好"即优越性的阐发,首推"毛泽东思想和中国特色社会主义理论体系概论"课。"原理"课主要是从普遍性和特殊性辩证关系原理的角度揭示坚持中国特色社会主义道路的合理性、必然性。这个原理表明,普遍性寓于特殊性之中,并通过特殊性得到展现;任何割裂两者关系的做法势必陷入教条主义或经验主义的错误。所以,从创立之初,马克思、恩格斯就强调,他们发现的普遍理论必须与各国实际相结合,坚决反对那种把科学世界观教条化的做法。毛泽东也反复强调这个原则,因为这是中国共产党在领导中国革命的过程中付出惨痛代价以后才获得的宝贵经验。新中国成立以后的历史同样表明,什么时候自觉坚持普遍理论与实际相结合的原则,什么时候国家的建设和发展就较为顺利,否则就会遇到波折乃至陷入错误。中国特色社会主义正是在这个背景下提出的,继而经过改革开放的实践才真正确立和巩固起来。可见,只有从哲学原理和"四史"相结合的角度,才能充分认识到中国特色社会主义的合理性、正确性,才能坚定继续走这条道路的自觉性和自信心。

3. 教育大学生从基本立场的角度认清中国共产党的先进性

马克思主义是关于无产阶级和人类解放的科学,人民立场是马克思主义的基本立场。中国共产党为什么能得到中国人民的拥护、不断创造前无古人的人间奇迹,关键就在于其始终坚持了人民立场,从"为人民服务"到"三个有利于"标准,从"促进人的全面发展""以人为本"到"发展以人民为中心"无不如此。"原理"课的重要内容之一,就是要讲清楚马克思主义的人民性和阶级性,讲清楚马克思主义的群众史观,包括党的群众路线、政党与群众的关系等，使大学生认识到马克思主义具有跨国度、跨时代的影响力，就在于它根植于人民之中，认识到中国共产党的先进性就在于它除了人民的利益没有自己的特殊利益，由此增强大学生对中国共产党的政治认同，提升和巩固他们永远跟党走的自觉性。

三、"四史"教育与"原理"课融合的路径与方法

将"四史"内容有机融入"原理"课教学，是具有探索性的创新课题，根据以往党的创新理论"进教材、进课堂、进头脑"的成功经验，以及当代大学生谙熟网络、思维活跃、个性突出等特点，本节提出以下路径和方法：

（一）吸纳理论新成果，"进教材"是"三进"的基础

"四史"教育与"原理"课的融合，首先要从改进"原理"课教材入手，根据"四史"和"原理"课的目的、要求以及教育教学特点，优化教材总体布局，在相应的部分完善后者的教学内容。2021版的《马克思主义基本原理》经过修订已经于秋季学期投入使用。与上一版教材相比，该版教材注重吸收学术界研究的新成果，特别是加入了习近平关于马克思主义的重要论述、新时代中国特色社会主义思想的创新观点，基本实现了理论体系向教材体系的转化。此外，增加了"知识补充"小窗口，或是原理相关的背景知识，或是阐发原理的经典论述，可以从发展史的角度了解课程内容等。

（二）加强教师队伍建设，"进课堂"是"三进"的核心

"四史"教育融入"原理"课的重点在课堂教学，在这个过程中，思政课教师扮演着核心角色。一方面要保证学生对相关知识的基本摄取量，另一方面要广泛开展具有融合性的专题讲座，注重师生间的互动交流，充分发挥学生的主体地位和教师的主导作用，凸显融合教育的实效性。为此，广大思政课教师应当不断增强职责和使命意识，注重知识积累、特别"四史"方面的积累和拓展，注重教育教学综合素质的提升以及教学基本功的培养。传道者自己要先明道、信道。"原理"课教师姓"马"，要从马克思主义著作中汲取智慧和营养，在研学培训和课题交流中提高科研水平、提升业务能力。同时，要注重教学的情理融合，寓情于理、史论结合，在讲授基本

原理时,结合"四史"中的人物事迹和真实案例进行剖析,增强教学的亲和力、吸引力,引发大学生的情感共鸣和深度思考。

青年学子是受教育的主体。思政教师在"原理"课教学中,一是要始终围绕学生开展互动式教学,如课堂案例、问答及研讨、个人课题展示等,引入创新型教学活动;二是要加强师生密切交流,拉近思想距离,针对不同班级、学生采用不同的教学方式,结合社会时事案例训练学生的问题意识;三是要营造良好的课堂氛围,以鼓励为主,宣传优秀事迹,积极表彰模范力量,发挥好学生的主体作用。

(三)创新教学方式方法,"进头脑"是"三进"的目的

促进"四史"教育与"原理"课的融合应当多途径优化教学渠道,多举措深化教学效果,运用网络时代"00后"喜闻乐见的教学方法优化"原理"课教学模式,引导学生知行统一、学以致用。

第一,学生自主学习与教师课堂教学相结合,形成教学共同体,共同提高教学实效性。大学生要在新时代树立主人翁意识,积极投身"四史"学习,以史为鉴、坚定信念;积极与教师交流,参与形式多样的课堂活动巩固所学。教师要广泛听取学生的意见反馈,更加注重学生的平时表现,以阶段性研讨的方式鼓励学生展示学习历程、分享阅读原著的感悟,同时要在教学中融合情与理,以鲜活生动的"四史"故事感染学生,提高学生对"原理"课的认同感和信任感。

第二,实践教学与理论教学相结合,发挥红色资源的教育作用,提高参与性和现实感。一是要营造活跃的校园文化氛围,通过各类文化活动,如朗诵、演讲、文化展等形式促进学生的知识积累,同时鼓励建立马克思主义阅览室及相关社团组织,让学生更多地了解马克思主义的发展历程;二是要精心策划实践教学的内容,通过"红色之旅",如参观故居、旧址及纪念馆等,开展体验式教学,增加实践教学环节,在实地参观和调查研究中赓续红色基因,鼓励学生运用"原理"课中学到的知识分析和解决社会生活问题,使学生对马克思主义基本原理由"可信"到"坚信"。

第三,线上教学与线下教学相结合,师生要共同使用好网络平台和资源,提高教学的吸引力。一是要充分利用媒体资源,大力推进融媒体创新教学,教师要在网络课堂中鼓励讨论、上传选读材料,拓宽学生的学习途径;二是要充分发挥手机的积极作用,鼓励学生使用手机在线阅览资料并归纳总结。在"原理"课教学中,要多采用音视频相结合的方式介绍人物、事件,多关注新时代"00后"青年学子喜好的网络平台,从学生的主体地位出发切实优化教育教学渠道,与学生共情,促使教学知识多措并举进头脑。

新时代党史教育融入高校思政课教学的路径探究*

李先悦

【摘要】 中国共产党历来重视对自身历史的总结和学习,不断传承和发扬党史教育这一优良传统,保持和发扬党的先进性和纯洁性。百年党史是鲜活的思政课教学素材,是生动的思政教育大课堂。把党史教育融入高校思政课教学至关重要,这能推动大学生认识与把握党和国家事业发展的历史主动,用党的理论武装头脑、指导实践,增强政治自觉,激发爱国热情和文化自信。我们要丰富思政课教学方式,创新思政课实践教学,优化思政课教学实效性,把党史教育与高校思政课教学深度融合起来,让党史教育"活"起来,党史体验"强"起来,党史效果"好"起来。

【关键词】 党史教育;高校思政课;大学生

2021年,习近平总书记在党史学习教育动员大会上发表重要讲话,指出:"在庆祝我们党百年华诞的重大时刻,在'两个一百年'奋斗目标历史交汇的关键节点,在全党集中开展党史学习教育,正当其时,十分必要。"① 历史是

---

* 本文系上海市教育科学一般项目"'00后'大学生的代际特征及其党建工作创新研究"(项目编号:C2-2020103)的阶段性成果。
① 习近平:《在庆祝中国共产党成立100周年大会上的讲话》,人民出版社2021年版,第4—5页。

最好的教科书,百年党史,是践行党的初心使命的历史,是党和人民心连心、同呼吸和共命运的历史,亦是百年思想政治教育史,是鲜活的思政课教学素材和生动的思政教育大课堂。对于高校思政教育而言,思政课承担着为党育人、为国育才的政治责任,更事关"培养什么人、怎样培养人、为谁培养人"的根本问题。如何将党史教育融入思政教育大课堂,发挥党史立德树人作用,让高校大学生树立正确的党史观,是新时代高校思政课必须解决的关键问题。

一、新时代党史教育的意义

重温党史,能让我们更加热爱党,不断坚定党的信念、贯彻党的方针、继承党的成功经验、发扬党的优良传统。中国共产党历来重视党史学习教育,注重用党的奋斗历程和伟大成就鼓舞斗志、明确方向,用党的光荣传统和优良作风坚定信念、凝聚力量,用党的实践创造和历史经验启迪智慧、砥砺品格。党史内容十分丰富,必须进行系统学习和全面教育,深刻认识中国共产党的初心和使命。重温党史有助于我们筑牢理想信念,更加深刻地认识中国共产党的梦想与追求、情怀与担当、牺牲与奉献,更加清晰地展现中国共产党与人民同呼吸、共命运、心连心的鱼水深情,更加具体地表达中国共产党保持、发扬先进性和纯洁性的建设诉求。

(一)传承和发扬中国共产党的优良传统

1941年5月19日,毛泽东在延安高级干部会议上作《改造我们的学习》的报告,着重阐述了学习马克思列宁主义必须与学习历史相结合的问题。他针对党内一些同志只注重背诵马克思、恩格斯、列宁、斯大林著作中的若干词句,而忽视在学习中结合中国实际和中国历史的现象,对他们提出了尖锐的批评:"对于自己的历史一点不懂,或懂得甚少,不以为耻,反以为荣。特别重要的中国共产党的历史和鸦片战争以来的中国近百年史,真正懂得的很少。近百年的经济史,近百年的政治史,近百年的军事史,近百年的文化史,简直还没有人认真动手去研究。"[①]学好马克思列宁主义理

---

① 《毛泽东选集(第三卷)》,人民出版社1991年版,第798页。

论,"不但要懂得外国革命史,还要懂得中国革命史;不但要懂得中国的今天,还要懂得中国的昨天和前天"①。邓小平也强调在思想理论教育中必须要联系历史去学习马克思列宁主义理论和毛泽东思想,他指出:"认真学习马克思、列宁和毛泽东同志的著作。这个学习必须联系中国革命的历史。"②

(二)保持和发扬中国共产党的先进性和纯洁性

党的十八大以来,党中央高度重视学习党的历史,提出了一系列要求。以习近平同志为核心的党中央以强烈的政治自觉和深沉的历史自觉,高度重视对党的历史的总结运用,把学习党史提高到事关党和国家工作全局的重要地位。

2013年6月25日,在中国共产党成立92周年前夕,习近平总书记在中共中央政治局第七次集体学习时指出:"历史是最好的教科书。……学习党史、国史,是我们坚持和发展中国特色社会主义、把党和国家各项事业继续推向前进的必修课。这门功课不仅必修,而且必须修好。"③

习近平总书记强调,在全党开展党史学习教育,是党中央立足党的百年历史新起点、统筹中华民族伟大复兴战略全局和世界百年未有之大变局、为动员全党全国满怀信心投身全面建设社会主义现代化国家而作出的重大决策。全党同志要做到学史明理、学史增信、学史崇德、学史力行,学党史、悟思想、办实事、开新局,以昂扬姿态奋力开启全面建设社会主义现代化国家新征程,以优异成绩迎接建党一百周年。

党的十八大以来,无论是考察革命纪念地,还是出席重大事件、重要人物纪念活动,习近平总书记多次强调,要缅怀前辈楷模,传承红色基因,绘制中国共产党人的精神谱系,充分发挥党史以史鉴今、资政育人的作用,在回顾百年奋斗历程中,不断坚定历史自信。这为全党认真总结党的历史、科学对待党的历史、重视学习党的历史、善于运用党的历史提供了根本遵循。每一次历史回眸,都是一次精神洗礼。2021年既是党的百年诞辰,也是开启全面建设社会主义现代化国家新征程的历史新起点。以建党

---

① 《毛泽东选集(第三卷)》,人民出版社1991年版,第801页。
② 《邓小平文选(第二卷)》,人民出版社1994年版,第381页。
③ 习近平:《论中国共产党历史》,中央文献出版社2021年版,第15—16页。

百年为契机,在高校推进党史教育,将高校思政课与党史教育深度融合,有助于教育引导高校大学生领悟历史背后的道理逻辑,引领大学生深刻地理解中国共产党为什么能、马克思主义为什么行、中国特色社会主义为什么好。

二、党史教育融入高校思政课教学的必要性

历史是最好的老师,党史是最好的教学素材。以史鉴今、资政育人,这既是加强党的思想理论建设的重要任务,也是增强高校思想政治工作能力和做好高校立德树人工作的有效途径。把党史教育融入高校思政课教学,是新时代高校思想政治工作的一项重要任务。

(一) 这能推动大学生认识和把握党和国家事业发展的历史主动

在百年奋斗历程中,中国共产党始终坚持以马克思主义理论分析和把握历史大势,准确研判国际国内形势,正确处理中国和世界的关系,善于捕捉并能准确把握历史机遇。在高校思政课教学中加强党史教育,就是要教育引导学生在学习党史中把握历史大局、胸怀中华民族伟大复兴战略全局、深刻认识世界百年未有之大变局。在中国"已经可以平视这个世界"的时候,更要不忘历史,树立大历史观,真正做到青年兴则国兴,青年强则国强。要用党的历史在思政课中讲清楚在马克思主义指导下中国共产党与人民群众的奋斗史、建设史和发展史;要让大学生树立马克思主义理想信念,培育高尚道德情操,激发爱国、报国之志,充分发挥思政课的知识功能和价值功能。

(二) 这能推动大学生用党的理论武装头脑、指导实践

百年党史,就是一部马克思主义中国化发展史,一部推陈出新、理论创新的历史。一百年来,中国共产党不断开辟马克思主义新境界,与时俱进,推进马克思主义中国化,在探索、总结和创新中,产生了毛泽东思想、邓小平理论、"三个代表"重要思想、科学发展观和习近平新时代中国特色社会主义思想,不断为中国特色社会主义事业创造辉煌、开辟新征程,提供理论指导和思想遵循。

在高校思政课教学中开展党史教育，就是要引导大学生从党的非凡历程中领会马克思主义是如何深刻改变中国、改变世界的，特别是要结合十八大以来党和国家取得的历史性成就和发生的历史性变革，引导学生弄清楚中国共产党为什么能、马克思主义为什么行、中国特色社会主义为什么好等基本道理，深刻学习领会新时代党的创新理论，深入理解把握习近平新时代中国特色社会主义思想的科学性和真理性，系统掌握贯穿其中的马克思主义立场、观点、方法，提高当代大学生的思想理论水平和创新事业能力，做到"通古今之变化"，而后"发时代之先声"。

（三）这能推动大学生增强政治自觉，反对历史虚无主义

百年党史，是中国共产党践行初心使命的历史，是真正体现人民民主、人民当家作主的历史，是党和人民心连心、同呼吸、共命运的历史。"为人民服务"，是中国共产党立党宗旨、执政之基和力量源泉。当前，中国意识形态领域形势复杂、挑战严峻和考验众多，尤其是历史虚无主义肆起，严重危害大学生的历史观、世界观、人生观和价值观。

推进党史教育融入高校思政课，就是要引导大学生领会历史和人民选择马克思主义、中国共产党和社会主义的必然性，是因为党的服务宗旨、崇高理想和实践顺应了历史、顺应了趋势、顺应了人民群众需求，要从根本上坚定大学生反对历史虚无主义的政治自觉。

（四）这能推动大学生继承红色传统，激发其爱国热情和文化自信

在革命年代、建设时期和改革时代，中国共产党人始终牢记初心使命，不断为国家独立、人民解放、民族复兴而努力奋斗。百年党史构筑了内涵丰富的中国共产党精神谱系，为大学生成长成才提供了丰厚滋养。青年一代的理想信念、精神状态、综合素质，关乎党和国家事业能否薪火相传、后继有人。

在高校思政课教学中加强党史教育，就要引导大学生始终坚持把人民放在心中最高位置，把人民对美好生活的向往作为学习奋斗的目标，继承红色传统、传承红色基因、发扬红色精神，培育无畏奉献、矢志不移、探索创新的品质，为学习注入内生动力，激发爱情热情，振奋学习精神，为全面建设社会主义现代化国家、加快实现第二个百年奋斗目标提供生生不息的青春力量。文化兴国运兴,文化强民族强。在历史的坐标上,要引导大学生坚定不移承担使命、贡献智慧,塑造新时代大学生的中国自信、中国精神和中国力量。

三、党史教育融入高校思政课教学的创新路径

百年党史,是思政教育史,亦是思政课发展史。新时代将党史学习教育融入思政课教学,既是广大思政课教师立德树人的使命,也是深化思政课改革创新的必然要求。为了让大学生把握党的事业发展的历史主动,增强政治自觉,不断激发爱国热情,就要在理论、实践和主体层面推进党史教育与高校思政课教学互动融合发展。

(一)厚植党史学习理论要素,丰富思政课教学方式,让党史教育"活"起来

高校思政课教学内容以理论知识为载体,而理论知识的充实与否决定了思政课教学内容的丰富程度和深度。要通过具体的党史事件、生动的党史人物和深入的革命理论等,把中国化马克思主义理论讲透彻讲明白。理论越深厚,思政课教学内容就越丰富,思政课就越有深度。思政课教学以深厚的中国化马克思主义理论为内容,使受教育者掌握丰富的党史理论知识,认清中国共产党执政规律、社会主义建设规律和人类社会发展规律。但抽象的思政课教学理论和深厚的党史理论,想吸引"00后"大学生的关注,还需要在了解其需求的基础上丰富教学方式。

如今的大学生生活在物质相对丰裕的时代,相较于中国共产党带领全国人民浴血奋战的那个年代有一定"距离"。因此,高校更要上好历史课尤其是党史课。这需要高校思政课教师在抽象晦涩的理论中融入鲜活的红色故事、有趣的改革案例和有说服力的数据,讲到大学生的心里去,让高校思政课讲出信仰、讲出意思、讲出道理;要把最能彰显"四个自信"的社会发展故事、专业奋斗故事讲好,充分激发学生的价值认同和情感共鸣,在润物无声中厚植家国情怀,让党史教育"活"起来。譬如上海很多高校开始深挖上海红色资源,优化教学内容,打造党史教育"金课"。在课程思政系列中,

华东政法大学的"侦查学原理"课程,讲授中国共产党领导下的侦查体制发展变迁,弘扬红色法律传统文化;上海外国语大学专业教师开设多语种"中外时文选读"课程,带领学生用世界语言讲述中国故事,将党史教育内容有机融入教学大纲和培养方案。

(二)挖掘党史学习实践要素,创新思政课教学方式,让党史体验"强"起来

理论与实践犹如"两条腿走路",面对作为互联网原住民的"00后"大学生,一方面,思政课理论教学要从理论维度用马克思主义理论开展教育工作,另一方面,还要挖掘党史学习实践要素,从实践层面丰富沉浸式、体验式、感知式等教学形式。

面向"00后"大学生的党史教育,尤其要讲究温度与智慧,只有说到他们的心坎里,才能激发其内在力量。一段往事、一位烈士、一处故居,是走进党史的"一扇门",能够让学生聆听更真切、更直接的"历史回响",从而在潜移默化中赓续红色基因。党史教育绝不能囿于三尺讲台这方小小天地,要走出教室,走进党史纪念馆、博物馆、档案馆等教育基地,设计实地教学课程大纲,有意识有目的有针对性地引导受教育者感受党的历史,体验为什么人民群众选择了中国共产党、选择了马克思主义理论、选择了社会主义制度、选择了中国特色社会主义道路。

在党史教育融入高校思政课教学的过程中,如何打破传统教学方式,让党史体验"强"起来呢?在人工智能时代,教学方式需要不断结合时代变化和学生特征,推陈出新。譬如,上海立信会计金融学院的沉浸式党史学习教育,大学生可以戴上VR设备,观看VR+8K全景式影片《遵义会议》,身临其境感受中国近代史上伟大的转折点——遵义会议。上海大学的"光影中国"课程,借助电影这一大众传播媒介,用光影讲述中国故事,阐述新中国成立以来,一代代电影人努力用镜头记录党领导下的各条战线欣欣向荣的社会主义建设历史,一开讲便收获学生热烈反响。主讲人在为学生讲授"中国时刻"这节课时,遴选了鸦片战争、党的诞生、重庆谈判、开国大典等九个历史时刻,结合九部电影作品进行分析,让学生对历史如何选择共产党、共产党如何把握住历史命运有了直观认识。这种新颖的教学方式不仅传承了家国情怀,还筑牢了大学生成长成才的根基。

不管是沉浸式教学还是感知式教学,都让党史体验"强"起来了。这有助于受教育者更加深刻地认识到马克思主义和中国化马克思主义理论的科学性、正确性,认识到中国共产党的路线、方针、政策的正确性,促使受教育者更加坚定地拥护党的领导,服从服务于党和国家发展大局,努力为实现中华民族伟大复兴破浪前行。

(三)拓展党史学习主体要素,优化思政课教学效果,让党史效果"好"起来

长期以来的填鸭式教学,往往是教育者唱独角戏,受教育者以接受为主。但在互联网的迅猛发展中,这种教学关系不利于提升高校思政课教学实效性。高校思政课面临严峻挑战,需要不断优化思政课教学效果。党史教育融入高校思政课教学,需要了解大学生的身心发展特征,形成教育主体和受教育者主体的良性互动,尽可能发挥大学生在党史教育中的主动性和自主性,使其积极参与党史学习,让党史效果"好"起来。

譬如,针对多数大学生是B站(哔哩哔哩)平台的使用者,党史教育也逐渐深入自媒体平台,提升教育效果。那么,上B站学党史是一种怎样的体验呢?2021年2月起,复旦大学陆续在B站上更新由学生制作的17节微党课视频,收获学生如潮的好评。义乌分水塘村柴屋里,青年陈望道首译《共产党宣言》,蘸墨水吃粽子,连道"可甜了";歌乐山麓渣滓洞的牢房内,胡其芬烈士向外传出"最后的报告";20世纪50年代新中国的实验室里,周同庆独立研制X光管,实现对国外技术封锁的突围;等等。这些微党课故事均由复旦本科生参与制作,生动展现复旦校友的革命故事和奋斗历程。同时,高校思政课老师还可以借此观察、了解大学生在党史学习中的感受,及时进行阶段性总结与反馈,强化思政课理论与实践。大学生自觉接受党史学习所获精神力量,并不断养成思政课所传导的价值观念,有助于其实现全面发展。

再譬如,在上海黄浦区,走进红色场馆不仅是学生社会实践的必修科目,而今,不少走进场馆的大学生还从参观者变为了解说员,从"要我听"变为"我来讲",党史学习的"代入式体验"进一步增强。结合中共一大会址纪念馆推出的"话说一大：听00后大学生讲建党故事"研学项目，多所学校组建了志愿讲解服务队，在普通话版的基础上还创造性地衍生出了沪语版、英语版。大学生在任务驱动下，融入自己的思考和情感，将红色文化传播给更多人。

　　通过这种主体参与的方式，以党史故事为切入点，大学生更能感受到榜样的感召力。方志敏、董存瑞、雷锋、焦裕禄、孔繁森、廖俊波、黄文秀等革命烈士、英雄人物和先进模范的事迹可以穿越时空，构筑起共产党人的精神谱系，让大学生感受到深刻的精神洗礼，进而在实践中树立正确的党史观，让信仰之火熊熊燃烧，让精神谱系绵延不绝，不断积聚生生不息的奋进力量。

　　建党百年之际，党史教育意义重大。百年党史是一部丰厚的思想政治教育史，而高校思政课承担着立德树人的重要使命，将两者有机融合起来，有助于推进大学生掌握对党和国家事业发展的历史主动，坚定政治自觉和激发爱情热情，故而需要从理论、实践和主体这三方面推进党史教育和高校思政课教学融合发展。新时代背景下，党史教育融入思政课教学仍任重而道远，要不断挖掘资源、创新方式、优化效果。

新时代高校思想政治理论课话语体系建构的顶层设计

于智慧

【摘要】 十八大以来,党和国家在高校思想政治理论课话语体系建构方面,更加注重顶层设计和精准施策,从教材、教学、教师队伍建设到考核标准、制度保障等,为高校思想政治理论课的实践探索和话语创新,提供了政策指南和方法指导。

【关键词】 思想政治理论课;顶层设计;话语体系

随着改革开放的持续深入和中国特色社会主义进入新时代,高校思想政治理论课建设及高校思想政治理论课教师队伍建设受到空前重视。

一、一系列相关政策陆续出台

2013年6月,教育部印发《普通高等学校思想政治理论课教师队伍培养规划(2013—2017年)》,规划以提高教师教学水平、创新教学方法、完善制度措施、提升教学质量以及改革教育课程为出发点,通过全员培训、骨干研修、在职攻读学位、国内考察、国外研修、以项目选人和选人给项目等多种途径,进一步提升教师队伍的整体水平,并依托"百千万人才工程"致力于建设一支高素质的思想政治理论课教师队伍①。

2015年7月,中央宣传部、教育部印发《普通高校思想政治理论课建设体系创新计划》,不但提出新的建设性意见,而且有针对性地找出高校思想政治理论课建设中的不足之处,包括教学方法改革意识不强、改革创新的手段不多、制约思想政治理论课针对性实效性的瓶颈亟待突破等,从教材体系、人才体系、授课体系、课程体系及保障体系等方面提出一系列新举措、新要求②。

2015年9月,教育部印发《高等学校思想政治理论课建设标准》,对此前的暂行建设标准进行完善,最终确定了39项评价指标③。相比较此前的暂行建设标准,该建设标准主要有以下几个特点:

一是在工作机制方面,强化、细化了学校党委和行政领导的工作职责。要求"学校党委书记或校长每学年到思想政治理论课教研部门开现场办公会至少1次,听取思想政治理论课教学工作汇报,解决实际问题。学校党政主要负责同志每学期至少讲授1次思想政治理论课。学校分管领导每学期到堂听课2次以上"④,并将该指标类型从原来的B调整为A*。

二是重视师风师德建设。在队伍管理指标中,增加师德师风作为A类指标。

三是教师选配方面,"本科院校思想政治理论课专职教师按师生比1∶350—400配备,专科院校思想政治理论课专职教师按师生比1∶550—600配备"⑤。

四是强调新任教师的学科专业化能力。在以前,刚上任的教师只要符合相关要求就可以进行思想政治理论课授课,而新的建设标准指出,授课

---

① 《教育部关于印发〈普通高等学校思想政治理论课教师队伍培养规划(2013—2017年)〉的通知》(教社科〔2013〕4号),教育部网站,2013年6月25日。
② 《中央宣传部 教育部关于印发〈普通高校思想政治理论课建设体系创新计划〉的通知》(教社科〔2015〕2号),教育部网站,2015年7月27日。
③ 《教育部关于印发〈高等学校思想政治理论课建设标准〉的通知》(教社科〔2015〕3号),教育部网站,2015年9月10日。
④ 《教育部关于印发〈高等学校思想政治理论课建设标准〉的通知》(教社科〔2015〕3号),教育部网站,2015年9月10日。
⑤ 《教育部关于印发〈高等学校思想政治理论课建设标准〉的通知》(教社科〔2015〕3号),教育部网站,2015年9月10日。

教师除了原则上应是中共党员外,应具备马克思主义理论相关学科背景硕士以上学位。

随着课程建设标准的提高和教育部对全国高校思想政治理论课建设情况督学督查的广泛开展,高校思想政治理论课建设工作步入了规范科学的新征程。2017年2月,中共中央、国务院印发《关于加强和改进新形势下高校思想政治工作的意见》,指出在进行相关课程授课时,不仅要完善思想政治理论课的教学方式,还要创新思想政治理论课的学习内容,进一步开展高校思想政治理论课建设,加快思想政治理论课的转变脚步,要"完善教材体系,提高教师素质,创新教学方法,增强教学的吸引力、说服力、感染力"①。

教育部将2017年作为"高校思想政治理论课教学质量年",通过深入实施"高校思想政治理论课建设体系创新计划",进一步增强大学生对思想政治理论课的获得感;鼓励、指导高校开设思想政治理论课选修课,使各类课程与思想政治理论课同向同行,形成协同效应;研制高校思想政治理论课贯彻落实党的十九大精神教学建议;研制印发《高校马克思主义学院建设标准》;汇编《全国高校思想政治理论课建设案例集》等②,在坚持整体推进与重点突破相结合中,完善思想政治理论课建设顶层设计。

2018年,教育部印发《新时代高校思想政治理论课教学工作基本要求》,对学分、教研室建设、集体备课、教学方法、考核方式、科研支撑、教学评价等方面做了明确的要求,使得思想政治理论课教学工作规范化推进更加有章可循③。

2019年,为深入贯彻落实全国高校思想政治工作会议、全国教育大会、学校思想政治理论教师座谈会精神,实施"新时期高校思想政治理论课创优行动",建设一支专职为主、专兼结合、数量充足、素质优良的高校思想

---

① 《中共中央 国务院印发〈关于加强和改进新形势下高校思想政治工作的意见〉》,中国政府网,2017年2月27日。

② 《关于印发〈教育部社会科学司2017年工作要点〉的通知》(教社科司函〔2017〕60号),教育部网站,2017年4月1日。

③ 《教育部印发〈新时代高校思想政治理论课教学工作基本要求〉》,教育部网站,2018年4月26日。

政治理论课教师队伍,教育部印发《普通高等学校思想政治理论课教师队伍培养规划(2019—2023年)》,从专题理论轮训计划、示范培训计划、项目资助计划、宣传推广计划等几个方面进行重点规划①。该政策的出台对于全国高校思想政治理论课教师队伍来说,是稳定队伍水平的重要制度保障。

2019年,习近平总书记主持召开学校思想政治理论课教师座谈会,指出"办好思想政治理论课关键在教师"②,"要坚持理论性和实践性相统一,用科学理论培养人,重视思政课的实践性"③的工作要求,这次教师座谈会在全国思想政治理论课教师中引起热烈反响。

同年,为深入贯彻落实习近平新时代中国特色社会主义思想和党的十九大精神,中共中央办公厅、国务院办公厅印发《关于深化新时代学校思想政治理论课改革创新的若干意见》,为推进新时代思想政治理论课改革创新指明了方向和路径④。2020年,教育部印发《新时代高等学校思想政治理论课教师队伍建设规定》,针对一线思想政治理论课教师队伍的实际关切,着眼于建设一支高素质思想政治理论课教师队伍的总体要求,进一步明确高校思想政治理论课教师的身份定位,要将其作为建设主体,提升教师的整体素质,深化教师的思想情怀,创新教师的思维能力,拓宽教师的视野,严把教师自律性,使教师队伍风气正;要求教师与兼职教师共同配合,进一步增强师资力量,重点对职责与要求、配备与选聘、培养与培训、考核与评价、保障与管理等五方面作出规定⑤。

2020年5月13日,教育部、中组部、中宣部等八个部门联合印发《关于加快构建高校思想政治工作体系的意见》,指出高校思想政治工作的目标任务即健全立德树人体制机制,把立德树人融入思想道德、文化知识、社会实践教育各环节,贯通学科体系、教学体系、教材体系、管理体系,加快构建

---

① 《教育部关于印发〈普通高等学校思想政治理论课教师队伍培养规划(2019—2023年)〉的通知》(教社科函〔2019〕10号),教育部网站,2019年4月17日。
② 习近平:《习近平谈治国理政(第三卷)》,外文出版社2020年版,第330页。
③ 习近平:《习近平谈治国理政(第三卷)》,外文出版社2020年版,第331页。
④ 《中共中央办公厅 国务院办公厅印发〈关于深化新时代学校思想政治理论课改革创新的若干意见〉》,中国政府网,2019年8月14日。
⑤ 《新时代高等学校思想政治理论课教师队伍建设规定》,教育部网站,2020年1月16日。

目标明确、内容完善、标准健全、运行科学、保障有力、成效显著的高校思想政治工作体系①。八个部门联合发文,表明中央高度重视高校思想政治工作体系建设。

随着"合力育人"政策体系的逐步完善,全面推进课程思政建设的顶层设计进一步出台。2020年5月28日,教育部印发《高等学校课程思政建设指导纲要》,明确课程思政建设的目标要求和内容重点,对不同性质和类别的课程如何有效开展课程思政建设作了宏观指导,提出提升教师课程思政建设意识和能力的路径和方法②。

二、教材话语体系步入建设新阶段

党的十八大以来,党中央高度重视教材体系建设,出台了一系列政策文件,如《关于加强和改进新形势下大中小学教材建设的意见》《加快推进教育现代化实施方案(2018—2022年)》《中国教育现代化2035》等,这些政策文件明确了教材体系建设的指导思想、建设方向和工作遵循。在政策先行的指导下,高校思想政治理论课教材建设紧跟形势,不断将党和国家的最新理论成果融入教材,积极推进"三进"(进教材、进课堂、进学生头脑)工作。2019年,国家教材委员会统筹大中小学思想政治理论课教材建设,并组织团队研究编制习近平新时代中国特色社会主义思想进课程教材指导纲要,以及编制中华优秀传统文化、革命文化、社会主义先进文化、科技创新文化及总体国家安全观等进课程教材指南等③。

在加强修订高校思想政治理论课教材的同时,教育部也在积极组织团队编制教师参考用书、学生辅学读本、多媒体课件等辅助性教材,将基础教材、配套课本和电子音频类教材相融合,使高校思想政治理论课教材体系

---

① 《教育部等八部门联合印发意见 加快构建高校思想政治工作体系》,《中国教育报》2020年5月13日。
② 《教育部关于印发〈高等学校课程思政建设指导纲要〉的通知》(教高〔2020〕3号),教育部网站,2020年5月28日。
③ 《中共中央办公厅 国务院办公厅印发〈关于深化新时代学校思想政治理论课改革创新的若干意见〉》,新华社,2019年8月14日。

建设步入立体化建设新阶段。

三、多重举措合力助推师资队伍建设

党的十八大以来,高校思想政治理论课建设步入快车道,思想政治理论课教师队伍建设获得极大重视,"办好思想政治理论课关键在教师"成了思想政治理论课建设的有力抓手。为了促进和提升教师的政治素养、理论涵养、授课能力和职业获得感,教育部出台了一系列政策,加强和完善顶层设计,注重精准施策,强化协同推进,为高校思想政治理论课教师队伍建设提供制度保障和政策支持。

2013年,教育部印发《普通高等学校思想政治理论课教师队伍培养规划(2013—2017年)》,指出以强化师德建设与业务能力提升并重为工作中心,通过全员培训、骨干研修、在职攻读学位、国内考察、国外研修、以项目选人和选人给项目等多种途径[1],造就领军人物、中青年学术带头人、一线骨干教师、专业化教师队伍。

为贯彻落实该培养规划要求,中宣部、教育部每年联合举办6期共计600人次的高校思想政治理论课骨干教师研修班,每年组织40名左右高校思想政治理论课骨干教师以公派访问学者身份赴国外研修访学;教育部和省级教育部门通过部级示范培训和省级教育培训两级培训方式,对全国高校承担本专科和研究生相关课程的思想政治理论课教师进行全员培训;等等[2]。

通过加强各类培训、提供项目支持、加强宣传推广等举措,高校思想政治理论课教师队伍建设进入了蓬勃发展的新阶段。

2015年7月,中宣部和教育部联合印发《普通高校思想政治理论课建设体系创新计划》,针对教材建设、教师队伍素质、教学方法、马克思主义理

---

[1] 《教育部关于印发〈普通高等学校思想政治理论课教师队伍培养规划(2013—2017年)〉的通知》(教社科〔2013〕4号),教育部网站,2013年6月15日。
[2] 《教育部关于印发〈普通高等学校思想政治理论课教师队伍培养规划(2013—2017年)〉的通知》(教社科〔2013〕4号),教育部网站,2013年6月15日。

论学科规范化建设等提出了具体要求,包括将师生评价作为教材修订重要标准;吸收一线师生参与教材修订工作;严格本专科学校的师生配比;将政治立场作为教师聘用的首要标准;建立高校思想政治理论课教师特聘制度;等等①。

2017年,中共中央、国务院印发《关于加强和改进新形势下高校思想整治工作的意见》,如重视师风师德素质建设,实施师德"一票否决";完善教师评聘和考核机制,调整评价导向,引导教师关注教学质量提升;配齐配强师资队伍,并将思想政治理论课教师的人才培养纳入学校人才培养的总体规划中,完善选拔、培养和激励机制②。

2017年5月,教育部制定了《2017年高校思想政治理论课教学质量与专项工作总体方案》,其中的"大调研",旨在总结"05方案"实施以来特别是党的十八大以来取得的巨大成绩;评估近年来出台的加强思政课的政策措施绩效;精准查摆真问题,制定解决方案。

"大调研"中共有200多位专家深入全国2 516所高校随机旁听3 000堂思政课。30 000多名学生参与调查,通过这场史无前例的"地毯式"大调研,使近年来思想政治理论课建设情况有了较科学的呈现。调研中有86.6%的受访学生表示非常喜欢或比较喜欢上思政课,91.8%的学生表示非常喜欢或比较喜欢自己的思政课教师,91.3%的学生表示在思政课上很有收获或比较有收获③。

党的十八大以来,高校思想政治理论课教育教学实践在一系列政策话语的指导下,进行了丰富探索,而"办好思想政治理论课关键在教师"也越发成为一种共识。教育部数据显示,2013—2017年,中宣部、教育部共举办各类思政课教师示范培训班近100期,累计培训教师超过2.5万人次,带动省校两级培训超过12万人次④。

---

① 《教育部关于印发〈普通高等学校思想政治理论课教师队伍培养规划(2013—2017年)〉的通知》(教社科〔2013〕4号),教育部网站,2013年6月15日。
② 《中共中央 国务院印发〈关于加强和改进新形势下高校思想政治工作的意见〉》,教育部网站,2017年2月27日。
③ 胡浩:《着力培养担当民族复兴大任的时代新人——一年来我国高校思想政治工作创新发展综述》,新华网,2017年12月7日。
④ 吴振东:《为大学生上好人生第一课》,人民网,2018年1月3日。

2018年4月,教育部办公厅印发《高校思想政治理论课教师队伍建设专项工作总体方案》,完善思政课教师队伍建设规划,实施"高校思政课教师队伍后备人才培养专项支持计划",扩大马克思主义理论学科研究生招生规模,加快健全本硕博一体化的马克思主义理论人才培养体系等①。

2019年4月,教育部印发《普通高校思想政治理论课教师队伍培养规划(2019—2023年)》。新一轮培养规划对专题理论轮训计划、示范培训计划、项目资助计划、宣传推广计划等内容进行细化②。

党的十八大以来,高校思想政治理论课建设一路高歌猛进,党和国家注重顶层设计和精准施策,从教材、教学、教师队伍建设到考核标准、制度保障等,出台各项有力的政策,努力破解高校思想政治理论课建设中的重点和难点,使高校思想政治理论课政策话语体系向更完备、更科学的方向发展。

---

① 《教育部办公厅印发通知实施高校思想政治理论课教师队伍建设专项工作》,教育部网站,2018年4月25日。
② 《教育部关于印发〈普通高等学校思想政治理论课教师队伍培养规划(2019—2023年)〉的通知》(教社科函〔2019〕10号),教育部网站,2019年4月17日。

高校思想政治理论课建设的探索历程和经验启示*

陈 宝 薛丞志

【摘要】 新中国成立以来,高校思想政治理论课长足发展,取得了一系列重大历史成就。在高校思想政治理论课演进过程中,思政课价值目标导向清晰明确,推动青年学生全面发展;自主探索能力显著增强,拓展中国式发展道路;多元载体要素集聚参与,构建科学化课程体系。回顾历史,党的高度重视与正确领导、实践中贯彻理论联系实际的原则、注重教师队伍建设是思政课改革发展的宝贵经验。

【关键词】 高校;思想政治理论课;历史演进;经验启示

"没有任何事情是作为预期的自觉的目的发生的"①,高校思想政治理论课的探索建设历程始终与时代同呼吸,与党在各个时期的中心任务密切联系,形成了丰富的实践经验,为党和国家培养了大批宝贵的人才资源。回望新中国成立以来思政课的历史形态,科学总结其内在规律与经验启

---

* 本文系2020年度高校思想政治理论课教师研究专项一般项目"虚拟实践教学:激发学生主体意识的思政课实践教学新路径"(项目编号:20JDSZK106);2021年度上海市教育科学研究项目"虚拟实践教学:激发学生主体意识的思政课实践教学新路径"(项目编号:C2021249)的阶段性成果。

① 《马克思恩格斯选集(第四卷)》,人民出版社2012年版,第253页。

示,把握思政课的发展趋向,有助于新时代深化思政课改革创新,增强思政课育人效果。

一、高校思想政治理论课建设的探索历程

(一) 1949—1976:高校思想政治理论课的初步建设期

新中国成立伊始,为确立新民主主义教育,高校探索形成了"53方案",主要内容为设置新民主主义论、政治经济学、辩证唯物论与历史唯物论、马列主义基础课程[1]。"53方案"为巩固新生的人民政权做出了一定贡献,但课程内容中的政治革命色彩浓厚,并贯穿整个初步建设时期。随后,在"53方案"基础上探索形成的"56方案",指出用中国革命史替代新民主主义论,使学生了解中国革命的基本问题[2],提高思想政治水平。

1957年,高校增设社会主义教育课程,对学生进行思想改造与社会主义教育[3],"61方案"开始建设,指出高校均应开设马列主义基础理论、形势和任务课程。"文化大革命"期间,高校思政课教学处于混乱无序状态,思政课建设的稳定性被严重破坏。

(二) 1977—2004:高校思想政治理论课的恢复发展期

"文化大革命"结束后,思政课教学逐步恢复,"过渡方案"逐渐形成,主要内容为设置中共党史、政治经济学、哲学三门主干课程[4],随后增设中国社会主义建设基本问题课[5]、共产主义思想品德课[6],"过渡方案"既恢复了思政课地位,又推动形成了改革开放新时期思政课建设的良好开局。

---

[1] 教育部社会科学司:《普通高等学校思想政治理论课文献选编(1949—2008)》,中国人民大学出版社2008年版,第13—14页。

[2] 教育部社会科学司:《普通高等学校思想政治理论课文献选编(1949—2008)》,中国人民大学出版社2008年版,第16页。

[3] 教育部社会科学司:《普通高等学校思想政治理论课文献选编(1949—2008)》,中国人民大学出版社2008年版,第31—32页。

[4] 教育部社会科学司:《普通高等学校思想政治理论课文献选编(1949—2008)》,中国人民大学出版社2008年版,第85—90页。

[5] 教育部社会科学司:《普通高等学校思想政治理论课文献选编(1949—2008)》,中国人民大学出版社2008年版,第95页。

[6] 教育部社会科学司:《普通高等学校思想政治理论课文献选编(1949—2008)》,中国人民大学出版社2008年版,第100页。

80年代中期,为培养"四有"新人,"85方案"逐步形成。与"过渡方案"相比,主要变化为增设形势与政策等必修课和大学生思想修养等选修课①,以及试行研究生层次的马克思主义理论课教学方案②。"85方案"实行期间,"两课"以理论联系实际的方针,以"少而精、要管用"的原则精简课程,不断探索改革,取得了重大成果。

20世纪末,"98方案"逐渐成型。与"85方案"相比,其最大特色是将马克思主义中国化的两次历史性飞跃的理论成果融入高校思想政治教育,这一变化,既体现出这些理论成果之间一脉相承的联系,又表明马克思主义鲜明的与时俱进的特性,这为之后的思政课改革提供了一定的遵循依据,但同时也存在课程数量过多、内容重复与分散等问题。

(三)2005年至今:高校思想政治理论课的改革创新期

迈入21世纪,"05方案"逐渐成型,主要内容为开设马克思主义基本原理,毛泽东思想、邓小平理论和"三个代表"重要思想概论,中国近现代史纲要,思想道德与法治这四门主干课程③。同时对研究生思政课进行调整,减少必修课数目,增加选修课数目,体现了研究生思政课的导向性、层次性。相较"98方案","05方案"课程之间逻辑关联更加紧密,结构更加科学,一定程度解决了"98方案"课程过多、重复过多的弊端,减轻了教师、学生的负担,体系的有效整合与内容的精炼表达是"05方案"的最大特征。

党的十八大以来,高校思政课在"05方案"基础上,进一步深化改革,转向质量建设与体系改革创新建设。思政课从学科人才、教学体系、教材体系、评价体系等方面积极创新,并规范了组织管理、教学管理、队伍管理、学科建设等具体内容。党的十九大以来,教育部一方面就高校思想政治工作质量提升问题制定纲要,提出构建十大育人体系,并强调推进大中小学思政课一体化建设;另一方面将习近平新时代中国特色社会主义思想进教

---

① 教育部社会科学司:《普通高等学校思想政治理论课文献选编(1949—2008)》,中国人民大学出版社2008年版,第133页。
② 教育部社会科学司:《普通高等学校思想政治理论课文献选编(1949—2008)》,中国人民大学出版社2008年版,第129—130页。
③ 教育部社会科学司:《普通高等学校思想政治理论课文献选编(1949—2008)》,中国人民大学出版社2008年版,第219页。

材、进课堂、进头脑作为重大的时代课题。这一时期以提高思政课质量、加强体系建设为主题,以强化思政课教师队伍为关键,以培养担当民族复兴的时代新人为目标,协调推进思政课改革,思政课建设取得一系列重要成果。

二、高校思想政治理论课建设的演进逻辑

(一)从"思想改造"到"立德树人",推动人的全面发展

新中国成立之初,高校政治课是进行"革命的政治思想教育"的"改造思想的武器"[①]。"文化大革命"结束后,思政课改造思想的功能逐渐淡去,其为社会主义现代化建设服务的功能凸显。思政课的德育作用不断深化。1982年试点开设的共产主义思想品德课是思政课"立德树人"的重要体现。进入21世纪,中共中央、国务院指出,加强和改进大学生思想政治教育要"坚持育人为本、德育为先","坚持以人为本,贴近实际、贴近生活、贴近学生"[②]。党的十八大以来,习近平指出"思政课是落实立德树人根本任务的关键课程"[③],"要坚持把立德树人作为中心环节,把思想政治工作贯穿教育教学全过程,实现全程育人、全方位育人,努力开创我国高等教育事业发展新局面"[④]。

新中国成立以来,思政课的价值取向、任务目标逐渐清晰,尊重主体、尊重个体、促进人的全面发展的价值诉求逐渐显现并完善。

(二)从"模仿苏联"到"守正创新",探索自主创新道路

新中国成立之初,思政课采用讨论式教学方法,强调教师的主导作用。教学过程中基本采用苏联学者编写的教材。中苏关系破裂后,以社会主义教育课程的开设为主要标志,思政课自主探索具有中国特色的教学内容。

"过渡方案"中已看不见苏联痕迹,之后设置的"85方案"直至"05方

---

① 教育部社会科学司:《普通高等学校思想政治理论课文献选编(1949—2008)》,中国人民大学出版社2008年版,第4页。
② 教育部社会科学司:《普通高等学校思想政治理论课文献选编(1949—2008)》,中国人民大学出版社2008年版,第203页。
③ 习近平:《思政课是落实立德树人根本任务的关键课程》,《求是》2020第17期。
④ 《习近平在全国高校思想政治工作会议上强调:把思想政治工作贯穿教育教学全过程 开创我国高等教育事业发展新局面》,《人民日报》2016年12月9日。

案",其教学内容、教材内容等都是自主探索的重要成果。近代以来中国社会的历史变迁、中国共产党人的理论成果、中国社会主义现代化建设的伟大实践都被引入思政课教学内容。就教材建设而言,"过渡方案"实行期间,尽管教育部指出要实行统编教材,但囿于客观现实,并无统编教材面世。1988年4月,国家教委指出思政课教材为"仅限国家教委直接组织编写、审定的教材和由国家教委向全国推荐使用的教材"①。2004年,"马工程"教材开始实行,思政课教材建设取得重要成就,具有中国特色的思政课教材体系逐步完善。

新中国成立以来,思政课的课程建设、教材建设、教学理念等持续更新、与时俱进,教学效果显著提升。在新时代,马克思主义中国化与思政课中国化、思政教育现代化与社会主义现代化建设不断深化推进。

(三)从"一元模式"到"多元参与",构建科学合理体系

改革开放前,思政课的体系化建设尚未开展,但已在文件中指出"各高等学校必须重视并注意建立正规的和完备的教学组织,丰富系统理论的讲授内容,以克服过去有些学校将革命的思想政治教育和一般业务课程对立起来片面进行、不相联系的现象"②。

进入改革开放时期,思政课的科学体系构建开始起步。1981年10月,第一次针对高校思想政治教育的全国性的研讨会在成都召开,此次会议研究了如何使思想政治教育成为一门科学③。随后,思想政治教育学科在部分高校试点,逐步招收本科生、研究生。与此同时,一批相关学术组织、学术刊物等也相继建立、创刊,展开学术研究。这些都为思政课的政策制定、教学改革、师资建设提供了坚实的学术支撑、学科支撑。思政课在发挥育人功能的同时,也在积极探索各课程的协同育人机制,即课程思政建设。这一举措,使专业课、综合素养课都参与到思政课育人体系整体框架中,凸

---

① 教育部思想政治工作司:《加强和改进大学生思想政治教育重要文献选编(1978—2014)》,知识产权出版社2015年版,第89页。
② 教育部社会科学司:《普通高等学校思想政治理论课文献选编(1949—2008)》,中国人民大学出版社2008年版,第9页。
③ 国家教委思想政治工作司:《中国高等学校思想政治教育史纲》,高等教育出版社1992年版,第262页。

显了显性思政、隐性思政的融通,实现了思政课从"孤岛式"育人向"群岛式"育人的发展。

三、高校思想政治理论课建设的经验启示

(一)坚持和加强党的领导

新中国成立以来,党的正确领导是思政课建设、发展的关键。特别是改革开放以来,党日益重视思政课的建设,中共中央多次发文指导高校思想政治工作建设①,多次召开相关会议审议相关事项,为高校思想政治课建设提供了根本遵循。党的十八大以来,习近平多次对高校思政课的建设作出重要指示,涉及思政课教师队伍建设、内涵式发展、各类课程的协同发展等重大方面,是进一步改革思政课、完善体系建设的行动指南。党的正确领导、科学决策有力推动了思政课各个方案的实施与创新发展。

"办好中国的事情,关键在党"②,党的坚强领导为思政课稳步前行提供了重要基础,是新时代思政课改革创新的重要保证,必须坚持党对思政课建设的全面领导,将党的领导贯穿思政课程体系的各方面、各环节。

(二)贯彻理论联系实际的原则

改革开放以来,党领导人民进行的社会主义现代化建设的实践、党的理论创新成果在思政课教学中被着重体现,生动反映了思政课与时俱进的特点。此外,思政课注重在教学过程中将理论与实际相结合,与学生实际相联系,因材施教,不断贴近学生的思想和行为特点。

改革开放以来,党和国家重新审视实践教学,社会调查、业务实习、公益服务等相继纳入实践教学范围。从"05方案"开始,实践教学被突出强调,相关体制机制日益完善,为学生运用理论联系实际、了解社会现实、洞察社会生活发挥了重要作用。

---

① 如1985年的《中共中央关于改革学校思想品德和政治理论课程教学的通知》,1994年的《中共中央关于进一步加强和改进学校德育工作的若干意见》,2004年的《关于进一步加强和改进大学生思想政治教育的意见》,2016年的《关于加强和改进新形势下高校思想政治工作的意见》。
② 习近平:《用新时代中国特色社会主义思想铸魂育人 贯彻党的教育方针落实立德树人根本任务》,《人民日报》2019年3月19日。

在思政课教学活动中,应进一步加强对马克思主义理论、中国特色社会主义理论体系,特别是习近平新时代中国特色社会主义思想的学习,提高认识水平,同时,"放在世界百年未有之大变局、党和国家事业发展全局中来看待"①思政课,办好思政课,推动思政课改革创新,增强时代特征,提高科学水平,拓宽实践育人渠道,真正贯彻理论联系实际的原则。

(三)把教师队伍建设作为关键工作

"办好思想政治理论课关键在教师,关键在发挥教师的积极性、主动性、创造性"②。新中国成立初期,面对人才匮乏、教学水平不高等问题,1952年,中共中央发出指示,要求通过"举办马克思列宁主义研究班"等方式培养马列主义师资力量。改革开放以来,恢复培养与拓宽培养渠道、教学与科研相互促进、提高综合素质水平是建设思政课教师队伍的重点。党的十八大以来,思政课程建设进入深化改革、提升质量的关键时期,习近平对教师队伍建设提出了一系列新要求、新举措,思政课教师整体质量显著提高。总书记提出"政治要强、情怀要深、思维要新、视野要广、自律要严、人格要正"的标准。同时,思政课教师培养方案③等的出台也为教师队伍建设提供了基本依据。

教育大计,教师为本。建设一支新时代的高素质思政课教师队伍,需要在培养渠道、培养方式、保障体系等方面下足功夫,优化工作,既实现教师自身的全面发展,又为党和国家培养时代新人。

---

① 习近平:《用新时代中国特色社会主义思想铸魂育人 贯彻党的教育方针落实立德树人根本任务》,《人民日报》2019年3月19日。

② 习近平:《用新时代中国特色社会主义思想铸魂育人 贯彻党的教育方针落实立德树人根本任务》,《人民日报》2019年3月19日。

③ 如2013年的《中共中央组织部 中共中央宣传部 中共教育部党组关于加强和改进高校青年教师思想政治工作的若干意见》,2018年的《新时代高校思想政治理论课教学工作基本要求》,2019年的《普通高等学校思想政治理论课教师队伍培养规划(2019—2023年)》。

上海红色文化资源融入思想道德与法治课教学初探

龙 洁

【摘要】 上海的红色文化资源非常丰富,城市根脉里流淌着红色基因。上海作为伟大建党精神的初心始发地,近年来加大了挖掘、整理、开发和利用红色文化资源的力度。将上海红色文化资源融入高校思想政治理论课教学,是党史学习教育的必然要求,也是推进思想政治理论课改革创新的重要抓手。本文以思想道德与法治课为例,探讨将上海红色文化融入课程的理论依据、基本思路和教学设计要点,旨在增强思政理论课的育人效果,凸显红色文化的育人价值。

【关键词】 党史学习教育;红色文化资源;价值功能

作为高校落实"立德树人"的关键课程,思想道德与法治课以社会主义核心价值观为主线,以社会主义、爱国主义、集体主义为核心内容,旨在帮助大学生在人生的新阶段正确认识学习与生活、理想与现实、个人与时代的关系,在新时代感悟人生新征程、确立人生目标,并自觉提升个体的思想道德素质。思想政治理论课应该自觉将红色文化有机融入进去,赓续红色血脉,传承红色基因。这要求高校首先要从全局出发,科学规划、系统思考课程内容体系,对标习近平总书记对红色文化教育的要求,加强顶层设计。

对于思政课教师而言,则要从课程入手,善用红色文化资源特别是本土资源。本文拟从微观角度出发,探索上海红色文化资源与思政课教学融合的理论、路径和方法,探讨怎样挖掘红色文化资源的思想政治价值功能,提升红色文化的育人效果。

一、红色文化资源的思想政治价值功能

(一)红色文化资源的定义

广义的红色文化,是指在世界社会主义运动历史进程中人类所创造的物质和精神力量所达到的程度、方式和成果。狭义的红色文化,是指在中国共产党领导下,在新民主主义革命时期、社会主义革命和建设时期、改革开放和社会主义现代化建设新时期、中国特色社会主义新时代所形成的具有历史价值、教育意义、纪念意义的物质资源和精神资源。由此可见,红色文化包括物质文化和非物质文化两类。红色物质文化资源包括革命战争以来的遗址、遗迹、烈士故居、文献资料、口述史、影像、图片等;红色非物质文化资源指革命和建设时期形成的观念、意识和思想等,如中国共产党人精神谱系。

(二)红色文化资源的价值功能

红色文化资源是党史教育的重要载体,开发利用本土红色文化资源的思想政治教育功能,是近年来思政研究的一个热点。总体来说,红色文化资源的育人功能主要有四种:认知优化功能、情感激化功能、信念固化功能以及行为活化功能①。首先,红色文化资源的认知优化功能是指红色文化资源能够增强广大人民群众和党员对党艰苦卓绝的革命和建设历程的感性认识,帮助大学生正确认识世情、党情和国情,增进其对党的政治认同、思想认同、理论认同和情感认同,从而巩固中国共产党的执政地位。习近平总书记指出:"革命博物馆、纪念馆、党史馆、烈士陵园等是党和国家红色基因库。"②其次,红色文化资源的情感激化功能是指通过革命先烈和模

---

① 周志山:《地方红色文化资源的育人功能及其实现》,《中国社会科学报》2020年6月24日。
② 习近平:《用好红色资源,传承好红色基因 把红色江山世世代代传下去》,《求是》2021年第10期。

范先锋人物的故事所体现出来的价值意蕴和激励力量,能够让人获得一种非凡而崇高的感受和体验,自然而然地启发人思索个体、集体和国家的命运,提高思想觉悟。再次,红色文化资源的信念固化功能是指党史中的英雄人物所具备的崇高的理想信念、深厚的家国情怀、高远的价值追求,对当代大学生所具有的正向激励作用。通过英雄人物的故事来诠释中国共产党人对马克思主义的忠诚和信仰,从而深化大学生对中国共产党和社会主义核心价值观的认同,激励他们以实际行动谱写新时代的篇章。最后,行为活化功能是指利用红色文化资源推进党史学习教育和思政理论课的有机融合,引导广大学生知史爱党,将党的历史与当下现实、自我发展相结合。通过向革命先辈学习,立鸿鹄志,做奋斗者,对党的理论真学、真信、真用。

二、上海红色文化资源融入思政课的基本思路

(一) 上海红色文化资源的现状和特点

上海拥有丰厚的红色文化资源。作为中国共产党的初心始发地,中共一大、二大、四大都在上海召开。上海是马克思主义早期传播的大本营,《新青年》《共产党》《向导》等都在上海创刊,《共产党宣言》《资本论》等也最先在上海译介和出版。新渔阳里6号的外国语学社是中国社会主义青年团的诞生地,也是共产党早期组织创办的革命干部学校。国共两党第一次合作创办的上海大学是著名的红色学府,吸引了瞿秋白、邓中夏等大批共产党人和进步人士。上海长期是中国革命的中心和全国工人运动的指挥中心。上海的文化血脉中流淌着红色基因,而且上海的红色文化资源之丰富、影响范围之广、开发利用力度之大在全国也是首屈一指的。

上海的红色文化资源数量多、保护力度大。据统计,上海目前保留的红色文化遗址、旧址和纪念设施1020处。革命遗址总数共657处,其中革命遗址456处,其他遗址201处。目前修缮后面向社会开放的红色文化遗址有379处,其中包括革命旧址195处,革命遗址83处,纪念设施101处[①]。此

---

① 上海红色文化地图(2021年版),上海市文旅局,2021年6月。

外,上海还拥有烈士陵园、博物馆、纪念馆等147家市级爱国主义教育基地。从地域分布来看,上海市区是中国共产党在上海活动的主要区域,因此上海市区革命遗址分布非常集中,数量较多。如黄浦、静安、虹口等的革命遗址多达498处,占到全市总数的75.80%。上海市政府对红色文化资源保投入力度大,保存修缮良好。在456处革命遗址中,国家级重点文物保护单位7处,占总数的1.54%,分别是:中共一大会址、中国社会主义青年团中央机关旧址、龙华革命烈士纪念地、上海宋庆龄故居、张闻天故居、宋庆龄陵园和鲁迅墓。2021年5月21日,上海市人大常委会通过了《上海市红色资源传承弘扬和保护利用条例》,用法治来保障红色资源的调查认定、传承弘扬、保护管理等行为,为上海进一步摸清"红色家底"、传承和弘扬红色文化保驾护航。

面对着如此丰富的红色文化资源,上海各级各类学校的思政理论课教师应该活学善用之,将红色文化自觉融入思政理论课教学,为传承和弘扬上海红色文化精神添砖加瓦。高校思政理论课教师要做好思政"第一课堂"的责任人,"守好一段渠""种好责任田",促进思政课堂、课程思政和党史教育相向而行、协同育人。

(二)丰富教学形式,增强红色文化育人效果

要充分挖掘上海红色文化资源的育人功能,围绕学生、观照学生、服务学生,加大对学生认知规律和认知特点的研究,发挥学生在课堂的主体作用。在《思想道德与法治》(2021年版)中,跟红色文化直接相关的内容主要集中在第二章、第三章、第四章以及第五章中,教学围绕爱国主义、社会主义和集体主义展开,旨在帮助学生夯实理想信念之基,培育和践行社会主义核心价值观,传承中国精神和传统美德。在教学设计中,一方面着重体现理论性和实践性的统一、历史和现实的统一,保证教学内容与时俱进;另一方面,也要体现教学方法和形式的多样化,使教学内容入心入脑。要充分考虑"00后"的认知特点和接受规律,努力做到思想政治理论课的"八个统一"。教师可以借助红色文化场馆进行现场情景教学或虚拟情景教学,丰富思政课的教学形式。通过历史建筑、照片、纪录片等资料,全景式展示或再现历史人物或历史事件的经过,让学生在接受红色文化洗礼的同时思考理论和时代背后的逻辑,真正做到以"透彻的学理、彻底的思想和真理的力量"打动学生。例如,根据"00后"大学生身上典型的"网络原住民"特征,即网络依赖度高导致的"虚实不分"——现实感弱、虚拟感强,教师在第二章第二节"增强对马克思主义、共产主义的信仰"的教学设计上,可综合采用现场教学,利用多媒体教学法和情景教学法,通过带领学生前往龙华烈士陵园,全方位、多角度感受革命先烈的英雄事迹。通过优化教学设计,增强案例教学的体验感和感染力,让学生真切感受到课本上的理论和案例都来源于真实的历史和现实世界。将本土红色文化资源用于教学,可以让思政课堂更为鲜活、生动和艺术化,让革命精神直抵人心。

(三)拓展教学广度和深度,凸显红色文化的真理力量

思政课教师要善于挖掘上海红色文化资源中的思政元素,丰富思政课堂教学内容,提升信度,拓展教学的深度和广度,凸显红色文化的真理力量。广大思想政治理论课教师要自觉增强自身素质,做到"政治要强、情怀要深、思维要新、视野要广、自律要严、人格要正",这样才能有效引导学生"真学、真懂、真信、真用"。在思政课教学中,"思维要新、视野要广",是指教师要自觉掌握正确的思维方法,更新教育理念,创新教学方法。具体而言,就是全面掌握马克思主义认识论和辩证唯物主义方法论,善于将马克思主义中国化的最新成果和实践案例融入课堂,展示时代进步和国家发展的最新成果,形成宽广的知识视野、国际视野和历史视野。近年来,随着党史研究的不断深入,具有较高历史价值和学术价值的党史研究成果层出不穷,思政课教师不管自身的学术背景如何,都应主动去学习和掌握党史,特别要深入了解上海本土红色文化资源,厘清上海红色文化生成的背景、发展脉络和演进逻辑等,并通过课堂提升学生的理论水平和思想政治道德修养。"要给学生一碗水,自己先有一缸水",教师在教学中若要对各种史料驾驭自如,就必须对中国革命发生和发展的背景、阶段、特点和规律有深刻理解,对中国国情和世界历史的关系有全面认识,同时对马克思主义与中国革命实践相结合的必然性有深刻认同,如此才能让思政课堂充满历史的厚重、思辨的活力和信仰的力量,才能真正让思政课堂立体、生动、鲜活起来。

思政课教师既要深入研究上海本土红色文化资源,又要根据它们的功能和价值进行分类,运用到思政课程中。例如,教师在设计第四章第二节"社会主义核心价值观的显著特征"时,可结合教学主题重点讲解上海的红色文化、海派文化和江南文化,梳理三种文化的交流、交锋和交融过程。可采用"翻转课堂"的教学模式,让学生分组学习,在上课前了解上海的开埠背景、上海的新民主主义革命的历史等。在课堂上让学生重点讨论伟大建党精神与上海红色文化的关系,讨论城市精神对上海改革开放的影响等,以此引导学生坚定"四个自信",做到"两个维护"。总之,思政课教师要下大力气去研究上海这座伟大城市,去系统深入地研究上海红色文化发展史,挖掘其中蕴含的时代价值。

(四)扩大思政课堂主阵地,传播红色文化精神

要切实发挥好红色文化的育人功能,不仅需要将红色文化资源有机融入思政理论教学的"第一课堂",也要扩展到社会实践和校园文化的"第二课堂"以及网络思政的"第三课堂"。思政课教师应主动参与校园文化建设和校内外社会实践活动。首先,将"思政小课堂与社会大课堂结合起来"。通过"大师剧"、"伟大工程"示范党课、"高雅艺术经典进校园"、"先进人物进校园"等活动,将红色文化元素巧妙植入校园文化中,让革命精神代代相传。其次,教师可支持和鼓励学生创建红色文化社团联盟,指导学生在学思践悟中体会红色文化的魅力,感受马克思主义的思想伟力,或成为传播上海本土红色文化的主力军。思政课教师还可以进驻网络思政平台,弘扬主旋律,传播红色经典文化,参与营造正气清朗的网络空间,引导大学生与历史虚无主义等各种错误思潮斗争。

三、上海红色文化资源融入思政课的教学设计要点

(一) 以学习者为中心进行教学改革创新

学习者中心理念脱胎于20世纪90年代风靡全球的"学生中心"理念。2002年,由美国学者魏蒙首次提出"学习者中心教学"的概念。学习者中心理念不但要求学习者的自我角色和学习方式作出改变,而且促使师生关系、课程体系、教学内容和教育体制等进行深刻调整。2012年,教育部颁

布《关于全面提高高等教育质量的若干意见》,倡导学校和教师要积极"创新教育教学方法,倡导启发式、探究式、讨论式、参与式教学"①。这对教师提出了更大的挑战。教师应从单一的知识灌输者转变为一个"多功能角色"。换言之,教师将以学生的问题和发展需求为导向,着力构建有利于师生交流、生生交流的"支持性课堂环境",以此促使学生通过课堂实现知识、态度、能力和价值的全面提升。

　　思政教育中的学习者中心理念就是聚焦个体,把握个体的思想品德形成发展规律,凸显教育"双主体"地位,发挥教育对象的主观能动性,促进个体形成良好的思想品德。以学习者为中心还意味着思政课要向课堂要效率,通过课堂的改革创新,营造一种体验式、沉浸式的学习氛围,让学生在良好的学习环境中做到"真学、真懂、真信"。思政课是一门指向学习者知、情、意、信、行的价值观教育课程,集政治性、思想性、学术性和专业性为一体。教师更应重视授课形式的改革创新,实现教师、学生、教法的相互协调,提高课堂效率。将本土红色文化资源融入思政课,教师要着重营造一个民主、和谐、合作的课堂气氛,激活学生的兴趣,激发他们的思考。反之,如果教师的教学方式太单一,没有创造性地理解红色文化,没有灵活运用多种教学策略,就无法激起学生对红色文化的兴趣,无法调动其参与课堂的积极性。由于本土红色文化贴近学生,学生天然地对本土文化有种好奇心或亲近感,对其所承载的知识和价值也就更易于接受。所以,学习者中心理念就是要做到以学生的体验为中心,以增强课堂的感受性和接受度为目的。

　　教师应成为教学内容改革的有力推动者,要注重挖掘典型事例和英雄人物的时代意蕴,同时也要善于研究上海在改革开放时期涌现出的改革先锋人物的案例。本土红色文化资源虽然天然具有教育属性,但这并不意味着"拿来主义",只有经过创造性转化才能使其成为优质的课程资源。这种转化首先是基于对思政课的课程目标、内容体系和逻辑架构的全面把握,主要是引导大学生树立对马克思主义的理想信念,深化其对社会主义核心

---

① 《教育部关于全面提高高等教育质量的若干意见》,教育部网站,2012年3月16日。

价值观、中国梦、爱国主义、集体主义等概念和范畴的理解,进而掌握历史唯物主义和辩证唯物主义的方法论。教学改革的核心是教学内容的改革,所以思政课教学改革的重中之重是内容创新,提升课程的时代性和吸引力。应该看到,上海红色文化资源本身就是一个开放的系统,既涵养孕育了伟大建党精神,在新中国成立以来又生成了劳模精神、改革开放精神、企业家精神等各种精神。在思政课的教学中,教师要下大气力去总结和吸收上海红色文化中的精神资源,在课堂上要敢用、活用和善用。

(二)多端切入,因人、因时、因势而行

思想政治教育既具有鲜明的政治性、计划性和目的性,又具有突出的实践性和广泛的社会性。作为一种教育实践活动,它比智育、体育、美育的影响因素、过程和结果更为复杂。"一般来讲,智育主要从认识出发,美育主要从情感出发,体育主要从行为出发……思想政治教育则可以从知、情、意、信、行的任何一端开始进行教育。"①思政课教师可以充分利用多端性的特点,在思政课上采用美育的一些形式,因人、因时、因势选择开端,进行人格教育。"兴于《诗》,立于礼,成于乐",说明美育在人格教育中具有陶冶情操、涵养德行的作用。蔡元培先生在论述其"五育并举"的思想时也强调美育是最重要、最基础的人生观教育。因上海的红色文化杂糅了江南文化和海派文化,上海红色文化旧址、遗址、名人故居等,一般本身就是历史建筑,兼具中西建筑特色,极具审美价值。从红色文化中的"美"出发,通过展示建筑之美、人物之美、人文之美,让学生感受到革命先烈立体的、生动的人格之美,体会到革命者"舍小我而利公,行大道而忘我"的精神之美。非物质红色文化中更是包含了美育因子,如革命音乐、舞蹈、电影、话剧、文学等,既体现了气势磅礴、恢宏大气的历史之美,又包含了顽强拼搏、追求光明的生命之美。思政课堂开源活水,艺术是很好的切入点,可以根据大学生的审美特点,让学生参与到红色文化的传播中来。电影、曲艺、流行音乐等是年轻人喜闻乐见的艺术形式,思政课堂可组织学生策划红色相声大赛、红色微电影大赛、红色喜剧大赛等活动,通过亲身创作,让青年讲好红

---

① 陈万柏主编:《思想政治教育学原理》,中国人民大学出版社2013年版,第116页。

色故事,弘扬革命精神。

鲜活的红色文化资源是价值观教育的绝好教材,是推进核心价值观教育的有效载体。从智育出发进行思想政治教育,目前通行的是以知识灌输为主的教学方法,但是仍应充分考虑大学生的认知特征和对价值观的接受规律。大学生作为一个具有较高理性认识能力的群体,他们对任何一种思潮、理念、思想或价值观的认可和接受都不是轻易的、一蹴而就的,而是要经过自己的反思和审慎的确认。根据德育接受理论,人们对价值观的接受过程要经过五个阶段,即五种"反思性咀嚼":适应性反思、价值反思、逻辑反思、事实或知识反思、超越性反思。换言之,大学生的思想品德的形成过程,也是价值观的接受过程,这个过程也是大学生对主流价值观和其他价值观进行比较、审视、解读、评价和选择的过程,更是对价值文化不断发问和追问的过程。

上海是中国共产党梦想起航的地方,是伟大建党精神的初心始发地。上海的红色文化同海派文化、江南文化一起成为上海城市软实力的三大重要来源,它们为中国共产党的诞生和革命活动创造了必要的基础。正是这三支文化源流的孕育和涵养,才成就了上海"海纳百川、追求卓越、开明睿智、大气谦和"的现代城市精神以及"兼容并蓄、聪慧机敏、经世致用、务实求真,敢为人先、超越自我"的城市文化内涵。赓续上海的红色文化血脉,是上海高校党史学习教育的题中应有之义。同时,将红色文化融入包括思政课在内的思想政治理论课教学,融入校园文化和社会实践活动,是每一位教育工作者的使命担当。思政教育"落细落小落实",一个重要的途径就是讲好上海历史、上海故事和上海成就。思政课教学不但要重视形式和内容的创新,还要创新教育载体,改进话语方式。教学中注重以情动人、以理服人和以德育人相结合,要充分发挥大学生的主观能动性,调动学生参与到思想政治理论课的改革创新中来,让他们成为"学习的中心"和"课堂的主人"。

高校党史教育和榜样教育资源的有效应用

梁 莹

【摘要】 大学生学好弄懂党史,最好的办法是从榜样中寻找力量。提高大学生榜样教育的有效性,要注重资源的导向作用,充分发掘及合理使用榜样教育资源,积极借鉴榜样的宝贵经验。具体策略上,教师要有与时俱进的榜样教育理念;要不断创新教学方法,用好用活榜样教育资源;要善于激发大学生的主体作用。唯其如此,才能够有效实施大学生榜样教育工作,提高党史学习教育的实际效果,进而帮助大学生正确理解"中国共产党为什么能"等重大理论问题。

【关键词】 党史教育;榜样教育资源;开发;有效应用;策略

党史学习教育在高校的有效开展,需要多层面多角度地进行,其中一个重要的问题是如何合理地开发和利用党史中的榜样教育资源,促进大学生榜样教育的有效实施,进而提高党史教育的实际效果。结合大学生榜样教育的特点,充分发掘党史中所蕴含的榜样教育的内容,是合理开发和有效应用榜样教育资源的一个重要途径。

一、榜样教育在党史学习教育中的重要性

(一)党史中的榜样教育给新时代提供了宝贵经验

榜样主要指特定历史阶段出现的具有典型性或代表性的人物或事迹;榜样教育则是教育者通过榜样人物或事迹及其所蕴含的优秀的人格、高尚的精神、正确的价值观等对受教育者施加积极影响,使之思想认识和觉悟不断提高的教育活动,是包括发现榜样、树立榜样和学习榜样等的全过程的思想教育活动。

榜样教育作为一种传统教育方法,在我国历史悠久,始终是道德教育的重要内容和方式。古代教育家、思想家孔子就提倡要善于向他人学习,要选择学习他人的优点,提出"三人行,必有我师焉。择其善者而从之,其不善者而改之","见贤思齐焉,见不贤而内自省也"等观点,强调的即是道德教育中的榜样教育。这些由前人所总结出的榜样教育的相关理念,时至今日依然有着影响力。

中国共产党尤其重视榜样教育,一直以来也非常善于在思想政治工作中运用榜样教育。纵观百年党史,无论是革命战争年代还是和平年代,无论是社会主义建设初期,还是改革开放以后,榜样教育都起到了鼓舞士气、激发革命热情、提高参与社会主义建设积极性的作用。在这一过程中,大量的榜样人物或事迹涌现了出来。例如,延安时期,张思德作为一个普通的中央警备团战士,成了"为人民服务"的代名词。"张思德同志是为人民利益而死的,他的死是比泰山还要重的",这是张思德牺牲后,毛泽东给予他的高度评价,是对他闪光的思想和品质的概括与总结。这样一个榜样人物,激励人们为中国人民的解放事业浴血奋战、前仆后继。再例如,社会主义建设初期,我们开始了各个领域的初步探索,包括思想政治工作领域。当时涌现出了大批先进人物,如雷锋、王进喜、焦裕禄等,全国人民纷纷向这些先进人物学习,以他们为榜样。榜样教育成为那个时期思想政治教育的创新点,榜样人物及其事迹以一种"无穷的力量",推动了良好社会风尚的形成。时至今日,这些榜样人物及榜样教育方式,依然是我们宝贵的精神财富。

可见,榜样教育始终是党的光荣传统,是开展思想政治工作行之有效的方法。在党百年成长、发展、壮大的过程中,涌现出了一大批经得起历史考验、不断激励人们奋进的榜样人物,他们以自己的方式诠释了"中国共产党为什么能"等问题。

(二)榜样人物是高校党史学习教育的活教材

我党历来重视党史学习教育,也特别强调对大学生开展党史教育。2011年4月,中组部、中宣部、中共中央文献研究室、中共中央党史研究室、教育部、共青团中央联合发出《关于在党员、干部、群众和青少年中开展中共党史学习教育的通知》,决定在党员、干部、群众和青少年中开展中共党史的学习教育。强调党史学习教育,有助于广大群众尤其是青少年正确认识党的历史,牢固树立坚持中国共产党的领导、坚持中国特色社会主义道路的信心,继承和发扬党的光荣传统和优良作风。2021年5月,为纪念中国共产党成立100周年,中共中央办公厅印发《关于在全社会开展党史、新中国史、改革开放史、社会主义发展史宣传教育的通知》,要求深入学习领会习近平总书记关于党史、新中国史、改革开放史、社会主义发展史的重要论述,特别是在党史学习教育动员大会、庆祝中国共产党成立100周年大会上的重要讲话精神;强调要引导广大人民群众特别是青少年弄清楚中国共产党为什么能、马克思主义为什么行、中国特色社会主义为什么好等基本道理,加深对党的历史的理解和把握,加深对党的理论的理解和认识。

对于大学生而言,学好弄懂党史,最好的办法是从榜样中寻找力量。2021年2月,习近平总书记在党史学习教育动员大会上讲话时指出:"在一百年的非凡奋斗历程中,一代又一代中国共产党人顽强拼搏、不懈奋斗,涌现了一大批视死如归的革命烈士、一大批顽强奋斗的英雄人物、一大批忘我奉献的先进模范,形成了井冈山精神、长征精神、遵义会议精神、延安精神、西柏坡精神、红岩精神、抗美援朝精神、'两弹一星'精神、特区精神、抗洪精神、抗震救灾精神、抗疫精神等伟大精神,构筑起了中国共产党人的精神谱系。"①鉴于此,我们要把革命英烈、先进模范等榜样人物的形

---

① 习近平:《在党史学习教育动员大会上的讲话》,人民出版社2021年版,第19页。

象树立起来,把他们的高尚品格和优良作风展现出来,使之成为大学生学习的榜样。

二、党史教育活动中榜样教育资源的开发

榜样教育是党的优良传统,是党百年成长历程中的制胜法宝之一,成功地培养了一代又一代符合革命和社会发展需要的人才。值得注意的是,改革开放以来,越来越开放多元的社会环境,使传统的榜样教育模式越来越难以适应快速发展的时代需求,榜样教育的有效性亟待提高。

榜样教育资源是榜样教育活动中不可或缺的基本素材和重要基础,指的是榜样教育活动中可以被主体即教育者合理而正确使用、能够为实现一定的教育目标和教学效果而服务的客观存在及各类要素的组合,既有宏观层面上的基本理论、政策和指示等,也有榜样人物、事迹及其反映出的人格、精神、文化、价值观等要素,还有党在榜样教育工作中形成和积累起来的优良传统与宝贵经验等。面对如此丰富的榜样教育资源,如何合理开发与整合,使之能够起到作用,进而在教学实践中得到有效应用,就成了重中之重。为此,需要做到以下几点:

(一)注重发挥相关政策和指示的导向作用

作为榜样教育资源的重要组成部分,宏观层面上的指导性资源,在榜样教育活动中起到的是导向作用,决定榜样教育的内容和方向,因而应予以重点关注。

一是党的主要领导人关于榜样教育的重要论述。如毛泽东的《为人民服务》一文,就是为榜样人物张思德而作的,是对他的品质和精神的肯定与尊重,激励人们以"为人民服务"为宗旨,为革命和建设事业奋斗终生。

党的十八大以来,习近平总书记在不同场合多次褒奖英雄模范,提倡以他们为榜样。2014年4月30日,在乌鲁木齐接见劳动模范和先进工作者、先进人物代表时,他强调:"劳动模范和先进工作者、先进人物不仅自己要做好工作,而且要身体力行向全社会传播劳动精神和劳动观念,让勤奋

做事、勤勉为人、勤劳致富在全社会蔚然成风。"①2019年9月29日,在国家勋章和国家荣誉称号颁授仪式上,他指出:"崇尚英雄才会产生英雄,争做英雄才能英雄辈出。党和国家历来高度重视对英雄模范的表彰。今天我们以最高规格褒奖英雄模范,就是要弘扬他们身上展现的忠诚、执着、朴实的鲜明品格。"②

党的主要领导人始终以最高规格礼赞英雄模范,就是要在全社会弘扬他们身上所展现的忠诚、执着、坚忍不拔、视死如归的鲜明品格,形成赞英雄、学英雄的良好风尚。

二是党和政府发布的关于榜样教育的政策和意见。近年来,党和政府制定的一系列的政策文件中都强调了榜样教育对于思想政治教育的重要性。

2013年12月,中共中央办公厅印发《关于培育和践行社会主义核心价值观的意见》,明确提出要"大力宣传先进典型,评选表彰道德模范,形成学习先进、争当先进的浓厚风气"。2021年5月,中共中央办公厅印发《关于在全社会开展党史、新中国史、改革开放史、社会主义发展史宣传教育的通知》,再次提倡"开展学习先进模范活动"。

这些指导性资源为开展榜样教育活动提供了理论指导,指明了方向。

(二) 立足本土历史文化资源,用好用活红色资源

榜样教育从来不是孤立的,也和整个社会所倡导的崇尚英雄、学习英雄的氛围是分不开的,大学生的身边存在着大量的榜样教育资源。所以,要立足本土的历史文化资源,寻找和发掘有益的榜样教育资源并加以有效运用。

习近平总书记多次强调,要"把红色资源利用好、把红色传统发扬好、把红色基因传承好"。红色资源正是榜样教育可以利用的最佳资源。上海作为党的诞生地和初心始发地,拥有丰富的红色资源,各类革命纪念场馆向市民开放。2021年7月1日,《上海市红色资源传承弘扬和保护利用条

---

① 《习近平在乌鲁木齐接见劳动模范和先进工作者、先进人物代表 向全国广大劳动者致以"五一"节问候》,新华网,2014年5月1日。
② 《习近平:在国家勋章和国家荣誉称号颁授仪式上的讲话》,新华网,2019年9月29日。

例》正式实施,这部条例引领时代潮流,为保护红色资源和传承红色基因提供了根本的法治保障。被立法保护起来的本土红色资源是榜样教育的重要载体,是易于被大学生接触到、感受到的有效资源,是激发爱国热情、振奋民族精神的生动教材,为上海地区的高校开展榜样教育提供了强有力的支撑。

三、榜样教育资源的有效应用

榜样教育资源在榜样教育活动中占有重要地位,是榜样教育的基础。高校党史学习教育中,榜样教育能否取得理想效果,榜样教育资源的有效应用是关键。为此,要做到以下几点:

(一)转变教学理念,推动榜样教育有效开展

教学理念是人们对教学活动内在规律的认识,是人们对教学活动的看法和态度,是人们开展有效的教学活动、取得良好的教学效果的前提基础。明确的教学理念对教学活动有着极其重要的指导意义。通常在教育教学过程中,教育者也即教师作为主体起到的是主导作用,教师是否有正确的教学理念,如何把正确的教学理念贯彻到教学过程中,至关重要。

党史学习教育中,如何把丰富的榜样教育资源充分利用起来,提高大学生榜样教育的效果,起核心和主导作用的是教师。教师要高度重视榜样教育。要避免在榜样教育问题上给大学生留下"说教"的刻板印象,关键就在于教师要善于抓典型人物、树榜样人物,要有意识地、主动地从凸显榜样人物的行为和精神入手,不断增强大学生对榜样人物的认同感,进而达到良好的榜样教育效果。教师要身体力行,起良好的示范作用。"师者,所以传道授业解惑也。"这就要求教师要注意自己日常的言行,做到"正人先正己"。更重要的是,要时刻注意在党史学习教育中,把自己对榜样人物发自内心的崇尚和敬仰传递给大学生,营造一种崇尚英雄、学习榜样的浓厚氛围,进而提高榜样教育的实效性。

(二)创新教学方法,用活榜样教育资源

近年来,随着"课程思政"建设和改革在各高校的全面推进,围绕"立德树人"的根本任务,各学科和专业课程积极参与其中,努力实现全员、全过程、全方位育人的总体改革目标。榜样教育作为行之有效的思想政治教育形式,已成为不少专业课在实现"课程思政"建设和改革目标时的重要选项。教师要创新教学方法、用活用好榜样教育资源。为此,需要力求做到两个"相结合"。

一是理论与实际相结合。榜样教育最理想的效果,是受教育者被榜样人物所激励,在学习榜样的过程中将榜样的精神品格内化于心,但若停留在理论层面,那是远远不够的,还需要理论联系实际,让大学生走出课堂,在实践中去体会和领悟榜样的思想品质,从而使大学生榜样教育活动的成果内化于心、外化于行。这类实践活动,如邀请全国优秀共产党员、脱贫攻坚楷模、敬业奉献模范等,来校为大学生作报告,谈党史学习体会和心得。教师要鼓励和引导大学生积极参与、认真聆听榜样人物的先进事迹、奋斗故事,增强榜样教育的实效性。

二是历史与现实相结合。百年党史中,榜样人物为新时代的榜样教育提供了丰富的资源。但不同时期有不同的榜样人物,具有鲜明的时代特征,榜样的内涵也各不相同。因此,新时代使用这些榜样教育资源时,就要缩短时空距离,赋予榜样人物符合现实需求的内涵。

实现历史与现实的结合,就需要深入大学生中,了解大学生的需求,在课堂教学中适时引入对相关榜样人物的专题讨论。这样的榜样教育,大学生的接纳度自然会提高。如电视剧《觉醒年代》的热播,让历史课本上不常提及的陈延年、陈乔年两位革命先烈进入大众的视野,大学生记住了他们,感动于他们在最美好的年纪慷慨赴死,为的是:"让我们的子孙后代享受前人披荆斩棘的幸福吧!"这种戳中大学生泪点的感动,还在不断延伸。清明节时,无论是上海龙华烈士陵园陈延年、陈乔年的墓前,还是安徽合肥延乔路路牌下,都有大量青年学子祭奠的身影。教师如果能顺势让关注度高的热点事件为课堂教学所用,从大学生关注和喜爱的榜样人物入手,对他们的闪光之处大力宣传,一定能收到良好的教学效果。

(三)激发大学生的主体作用

打造有效课堂,离不开榜样教育的另一主体——受教育者即大学生。

大学生正处于自我意识不断提高、独立思考能力逐渐增强的阶段,因此,简单的知识传授和单纯的说教显然已经无法满足他们。榜样教育活动要对大学生产生吸引力,就必须从激发其主体作用入手。

榜样的选择是榜样教育的重要环节。"我的榜样我做主",可以让大学生通过推荐或投票,选出他们想要学习的榜样。如大学生对陈延年、陈乔年两位革命烈士的敬仰和追忆,如对"杂交水稻之父""共和国勋章"获得者袁隆平院士的尊崇,大学生用他们的行动告诉人们,这些榜样人物才是他们想追的星。对这种高层次的追星行为应予以充分肯定,并在榜样教育过程中给大学生应有的选择权。

教师还可进一步鼓励和指导大学生自行收集史料,整理榜样人物的事迹,分析总结榜样人物的优秀品质和高尚精神,让自己喜爱和推崇的榜样人物能够更加鲜明和立体地呈现出来。教师还可以以课堂为平台,让大学生以主讲者的身份登上讲台,以"生生互动"的形式做宣讲。全过程的自主参与,正是大学生贴近榜样、感受榜样、学习榜样,提升个人道德修养的最佳机会。

此外,学校各级部门可以组织开展多种形式的主题实践活动,如英模报告会、清明祭英烈等活动,让大学生在移动课堂里近距离接触榜样人物,聆听榜样人物的教诲,或与榜样人物开展超越时空的对话。还可以让大学生走出校门、走入社区,引导他们按照自己的兴趣和专业方向,自主选择榜样人物、寻觅榜样足迹,在探究这些榜样资源的过程中,亲身体验和感受榜样的力量,把这些学习活动的成果转化为践行榜样精神的动力,进而实现从理念到行动的自觉转化。

高校党史学习教育的扎实推进,离不开榜样教育的有效实施。我们要充分发掘党史上的榜样教育资源,多途径对其加以有效应用,才能够让大学生贴近榜样、感受榜样、学习榜样,从而充分认识和正确理解"中国共产党为什么能"等重大理论问题。

创新制度安排：新时代大学生社会主义核心价值观教育研究的新视域*

储德峰　曾　淋

【摘要】　党的十九届四中全会强调：坚持和完善中国特色社会主义制度，推进国家治理体系和治理能力现代化，给国家治理现代化注入新动力的同时，也为新时代大学生社会主义核心价值观教育研究指明了方向。创新制度安排，作为推进新时代大学生社会主义核心价值观教育的重要载体和有效手段，与新时代大学生社会主义核心价值观教育具有共同的价值取向和目标指向，不仅为新时代大学生社会主义核心价值观教育研究提供了理论创新的新视角和方法论创新的新路径，还为新时代大学生社会主义核心价值观教育走出实效性低下困境提供了现实可能性。在创新制度安排视域中，新时代大学生社会主义核心价值观教育的研究者既是"理性思考者"，更是"自觉践行者"；既是"理论解释者"，更是"现实变革者"；既是"理论自觉者"，更是"人文关怀者"。

【关键词】　创新制度安排；社会主义核心价值观教育；新视域

2018年，习近平总书记在北京大学师生座谈会上指出："当代青年是

---

* 本文系上海市社科规划课题"依法治国和以德治国相结合视域下的社会公德治理研究"（课题批准号：2019BKS002）的阶段性成果。

同新时代共同前进的一代。我们面临的新时代,既是近代以来中华民族发展的最好时代,也是实现中华民族伟大复兴的最关键时代。广大青年既拥有广阔发展空间,也承载着伟大时代使命。"[①]他们的价值取向对未来整个社会影响重大,关乎祖国和民族的未来。高校担负着"为国育人、为党育才"的重要使命,必须高度重视并切实做好大学生社会主义核心价值观教育工作。怎样实现这一重要使命,使广大青年大学生自觉培育和践行社会主义核心价值观?党的十九届四中全会强调:坚持和完善中国特色社会主义制度,推进国家治理体系和治理能力现代化,在给国家社会治理现代化注入新动力的同时,也为新时代大学生社会主义核心价值观教育及其研究指明了新的方向。本文拟对创新制度安排、推进新时代大学生社会主义核心价值观教育研究的逻辑理路进行探讨。

一、创新制度安排之于新时代大学生社会主义核心价值观教育研究何以必要

维特根斯坦说:"洞见或透识隐藏于深处的棘手问题是艰难的,因为如果只是把握这一棘手问题的表层,它就会维持原状,仍然得不到解决。因此,必须把它'连根拔起',使它彻底暴露出来;这就要求我们开始以一种新的方式来思考。"[②]新时代大学生社会主义核心价值观教育,要想走出实效性日益低下的现实困境,把问题"连根拔起",必须从新的视角审视其所面临的问题和困境。以创新制度安排的基本精神观照新时代大学生社会主义核心价值观教育,打破传统教育视角的固有惯性,推进教育的视角转换和范式转型,是一种理性选择。

(一)创新制度安排:新时代大学生社会主义核心价值观教育理论创新的新视角

对于理论创新而言,首要前提在于"提出问题"。爱因斯坦认为:"提出

---

① 习近平:《在北京大学师生座谈会上的讲话》,人民出版社2018年版,第11页。
② 布迪厄、华康德:《实践与反思——反思社会学导引》,李猛、李康译,中央编译出版社1998年版,第1页。

一个问题往往比解决一个问题更重要,因为解决一个问题也许仅是一个数学上的或试验上的技能而已。而提出新的问题,新的可能性,从新的角度去看待问题,却需要有创造性的想象力,而且标志着科学的真正进步。"①综观新时代大学生社会主义核心价值观教育,不难发现基本都有意或者无意地把大学生社会主义核心价值观教育等同于传统大学生思想政治教育,对"知信行"理路进行简单复制和移植。很多人认为,只要按照传统思想政治教育的"知信行"理路,就能找到新时代大学生社会主义核心价值观教育的本质和规律,只要把握了规律,就可以推演出核心价值观教育开展和发展的整个过程。殊不知,研究必须始于问题,而问题就意味着理论创新之所在。从创新制度安排的视角,就会发现"知信行"传统大学生思想政治教育理路的困难,不在于"知信行"这一理路本身,而在于如何实现由"知"到"信"以及由"信"到"行"的跨越。简单复制和移植显然不能唤醒研究者的问题意识,也就难以发现真问题。无从发现问题,自然也就无法实现真正意义上的理论创新,而只能对已有理论进行"形式各异"但"本质雷同"的解读,只能"照着讲"而不能"接着讲"。

诚然,新时代大学生社会主义核心价值观教育研究是一个永无止境的演化过程,"在已有理论(传统理论)与新理论提出(创新)之间也永远存在着冲突与平衡这种必要的张力"②,创新也总是针对已有理论而言的。新时代大学生社会主义核心价值观教育研究必须有所继承,前人的研究成果无疑为我们的进一步研究奠定了基础,但是已有理论毕竟只是从某个视角对过去的实践所做出的阐释,对于当下生动鲜活的实践并不必然具有真理性。如果新时代大学生社会主义核心价值观教育研究者不能从借鉴已有理论的情结上走出来,将目光转向核心价值观教育实践本身,那么即使已有理论再精辟,也只会成为对当下实践的一种"遮蔽",必然会造成研究对象的缺席,也就无法分辨核心价值观教育所面临的真问题,只能"照着讲"而不能"接着讲"。

从创新制度安排角度思考新时代大学生社会主义核心价值观教育,有

---

① 爱因斯坦:《物理学的进化》,上海科技出版社1962年版,第59页。
② 吴德勤:《经济哲学——历史与现实》,上海大学出版社2002年版,第194页。

益于真问题的呈现。毋庸置疑,问题不会自动呈现,总是隐匿于某个角落,需要研究者进行深入细致的观察。从创新制度安排视角考量新时代大学生社会主义核心价值观教育,不难发现把新时代大学生社会主义核心价值观教育等同于一般意义上的思想政治教育以及对"知信行"传统思想政治教育理路的简单复制和移植,对新时代大学生社会主义核心价值观教育的影响极其深重。作为社会主义核心价值体系的高度凝练和集中表达,社会主义核心价值观是新时代国家文化软实力的灵魂。社会主义核心价值观教育,既是思想政治教育的题中应有之义,又明显高于一般意义上的思想政治教育,不仅需要理论灌输、道德教化的力量,而且需要制度保障。

此外,对"知信行"传统思想政治教育理路的简单复制和移植,不仅难以发现新时代大学生社会主义核心价值观教育的"真问题",而且其本身也同样存在问题。因为,这种简单复制和移植人为割裂了"知信行"传统思想政治教育理路的完整性,让"知""信""行"三者孤独存在。众所周知,"知"不等于"信","信"也不等于"行","内化于心"并不必然导致"外化于行"。"知""信""行",看似仅有一步之遥,实则远隔千山万水,困难重重。如何确保由"知"到"信"以及由"信"到"行",单纯依靠"道德自律"的单向度发力显然难以奏效,需要"制度他律"出场。这既是"知信行"理路得以实现的内在要求,也是解构"成本博弈"已经固化为当前人们采取行动策略必须经由的前置程序的现实需要。

综而言之,从创新制度安排视角对新时代大学生社会主义核心价值观教育进行研究,不仅可以更加清晰地察觉"知信行"理路的艰难,使其存在的问题得以呈现,为理论创新奠定基本前提,而且还可以通过制度创新为由"知"到"信"以及由"信"到"行"提供刚性保障,既有益于核心价值观教育实效性的提升,也为核心价值观教育研究的理论创新提供了新的视角和新的可能性。

(二)创新制度安排:新时代大学生社会主义核心价值观教育方法论创新的新路径

方法是沟通理论与实践的中介和桥梁,是将理论转化为现实力量不可或缺的重要因素。当前大学生社会主义核心价值观教育方法论研究主要有两方面问题：一是专门从事大学生社会主义核心价值观教育方法论研究者较少，以至于大学生社会主义核心价值观教育方法论单一、贫乏；二是绝大部分关于大学生社会主义核心价值观教育的研究成果都涉及方法论研究，但始终没有形成自己独特的方法论。就当前研究现状而言，第二个方面显得更为突出。

正如上文所说，大学生社会主义核心价值观教育不同于一般意义上的思想政治教育，但两者在方法论层面上都对"强制灌输论"[①]持反对立场，认为"如果只是将学生当作装灌美德的容器，只是简单地将道德实践转换成教学性的道德规范知识，那么这种教学方法既缺少实践活动，又缺少体验，肯定难以被当代大学生所接受。这而且限制了其道德智慧的发展，导致了言与行的背离"[②]。

"方法必须回归于内容，才能真正表现和实现出它本有的意义"[③]。也就是说，新时代大学生社会主义核心价值观教育独特方法论的形成必须回归社会主义核心价值观教育本身。社会主义核心价值观是社会主义主流意识形态的高度凝练和集中表达，开展社会主义核心价值观教育则是巩固社会主义意识形态的重要路径，是意识形态工作的重要组成部分。因此，大学生社会主义核心价值观教育方法论创新，必须对社会主义核心价值观教育的意识形态工作属性有着充分的自觉，积极拓展"意识形态"与"创新制度安排"内在一致性原理之于大学生社会主义核心价值观教育的方法论意蕴。因为，"意识形态本身就具有增进秩序，使相互信任成为可能的功能。而增进秩序，并以秩序鼓励人与人之间的相互依赖感和信任度，也是制度的一个重要的功能"[④]，意识形态本身就是一种重要的制度安排。由此可见，创新制度安排，既是意识形态工作的内在要求，同时也是推动意

[①] "灌输论"的本意在于"通过宣传、教育、启发和引导，使革命的理论、先进的政治意识和伦理道德为广大人民群众所掌握，并以此作为行为的规范和依据"。所谓"强制灌输"是指忽视教育对象的主体地位和实际需要的单向强制注入的方法。
[②] 储德峰：《高校"大思政"教育模式的特征及理念》，《中国高等教育》2012年第20期。
[③] 李景林、马晓慧：《哲学方法要回归哲学内容》，中国社会科学网，2019年5月21日。
[④] 陶一桃：《意识形态的刚性与制度创新的绩效》，《深圳大学学报（人文社会科学版）》2003年第5期。

识形态工作或大学生社会主义核心价值观教育工作的方法论创新的现实路径。

（三）创新制度安排：新时代大学生社会主义核心价值观教育走出实效性低下困境的现实要求

社会急剧而深刻转型、经济全球化以及高等教育大众化，是当前大学生所处时代的总体特征。一方面，社会深刻而急剧转型带来大学生社会交往的纵深发展以及社会生活领域矛盾的复杂多变，而当代大学生以一个"社会人"寓居于大学校园之中，面对多种价值观的相互交融和激荡，难免会无所适从；另一方面，在经济全球化背景下，市场经济的物质利益观念以及各种思潮对新时代大学生的价值观必然会产生庸俗化的影响，如利己价值观的浸染等。新时代大学生社会主义核心价值教育面临前所未有的挑战。

站在"坚持和完善中国特色社会主义制度、推进国家治理体系和治理能力现代化"新的历史起点上可以看到，新时代大学生社会主义核心价值观教育不能仅仅依靠教育的单向度发力（如理论灌输、道德教化等），还需要从国家治理现代化的操作策略中汲取力量，通过创新制度安排，创设新时代大学生社会主义核心价值观教育的规范制度体系，以具有刚性约束效力的制度体系推进核心价值观教育的顺利开展，提升教育的实效性。

对于高校自身而言，创新制度安排、推进新时代大学生社会主义核心价值观教育，就是要立足新时代的总体特征和大学生的思想实际，紧扣"立德树人"这一根本任务，按照"科学化、规范化、程序化"要求，创新制度安排，积极构建"党委领导、二级学院负责、职能部门协同、教职员工参与""各安其位、各守其责、各尽其能"的大学生社会主义核心价值观教育现代化体系，全员参与形成合力，全方位、全过程推进大学生社会主义核心价值观教育，提升核心价值观教育能力，确保核心价值观教育的健康有序进行，将核心价值观教育成效纳入教职员工的绩效考核体系之中，并将考核结果与个人年终奖励、职务晋升、职称晋升等切身利益直接挂钩，形成新时代大学生社会主义核心价值观教育的"倒逼"机制。

二、创新制度安排之于新时代大学生社会主义核心价值观教育何以可行

从价值论的角度看,中国特色社会主义制度和社会主义核心价值观教育具有共同的价值内涵和价值目标,前者追求的正义价值和后者追求的价值正义,都包含着正义的诉求;从方法论的角度看,创新制度安排是推进新时代大学生社会主义核心价值观教育的重要载体和有效手段;从目的论的角度看,创新制度安排作为完善中国特色社会主义制度、推进国家治理体系和治理能力现代化的重要手段,与新时代大学生社会主义核心价值观教育具有共同的目标指向,都是为了更好地规范社会秩序、调节社会关系、维护社会稳定。

(一)创新制度安排和社会主义核心价值观教育具有共同的价值取向

立足中国特色社会主义制度所固有的价值正义内涵,创新制度安排、推进新时代大学生社会主义核心价值观教育,其根本要求就是要按照"科学化、规范化、程序化"的总原则,对推进新时代大学生社会主义核心价值观教育所必须遵从的制度体系进行系统设计。这一方面意味着将法治思维运用于新时代大学生社会主义核心价值观教育,以制度的刚性约束规范核心价值观教育实践,确保核心价值观教育顺利实施;另一方面意味着要进一步强化法治思维对核心价值观教育的价值导向功能,以正义价值推动价值正义的实现。

社会主义核心价值观是全国各族人民共同认同的价值观"最大公约数"。新时代大学生社会主义核心价值观教育,其主旨在于通过一定的教育方法和手段使新时代大学生对社会主义核心价值观形成正确认知、深刻理解、情感认同以及自觉践行。其价值取向是为了满足新时代大学生对价值正义的诉求,从而催生更多的正义价值行为。

由此可见,无论是创新制度安排,还是新时代大学生社会主义核心价值观教育,尽管其功能实现的方式不同,但其价值取向具有内在一致性,都包含着正义的诉求。进而言之,也正是这种价值取向上的内在一致性,为

创新制度安排、推进新时代大学生社会主义核心价值观教育,提供了价值前提。

(二)创新制度安排是新时代大学生社会主义核心价值观教育的重要载体和有效手段

一方面,制度安排本身是社会主义核心价值观培育、传播和落实的重要载体。以制度承载社会主义核心价值观理念,社会主义核心价值观才有可靠的制度支撑。创新制度安排推进社会主义核心价值观教育,就是将社会主义核心价值观融入制度创设和安排,使社会主义核心价值观的精神、要求贯穿于制度设计、制度安排和制度执行等一系列活动之中,借助这一活动载体将社会主义核心价值观从无形的宣传口号层面上升到看得见、摸得着的实质性的制度层面,将道德教育上升到刚性责任。这不但有利于提升社会主义核心价值观教育的现实可感性,还有利于把社会主义核心价值观转化为人们的情感认同和行为习惯。

另一方面,制度是确保社会主义核心价值观教育落到实处的重要路径和手段。用制度促进社会主义核心价值观教育的路径,就在于运用明确性、强制性、权威性的规范要求来确认、引导、保障社会主义核心价值观教育实践。相对于大学生社会主义核心价值观教育主体即高校所具有的教化功能的软性特点而言,创新制度安排的主体即国家和政府具有权威性和强制性等特点,其所创设和制定的制度具有强制性和明确性,为人们的行为划定了清晰的边界,具有使社会主义核心价值观由自律向他律转化的功能。

(三)创新制度安排和社会主义核心价值观教育具有共同的目标指向

从目的论的角度看,创新制度安排和社会主义核心价值观教育具有共同的目标指向。创新制度安排和社会主义核心价值观教育都是规范社会秩序、调节社会关系、维护社会稳定的手段。不同之处在于,创新制度安排的目标在于通过制度的刚性约束对败德行为进行惩罚,威慑败德行为的产生,调整人们的博弈策略,指导人们的行为选择,从而规范社会秩序、调节社会关系、维护社会稳定;而社会主义核心价值观教育,则是通过社会主义核心价值观的正向激励,强化人们对善德必有善报的心理反应机制,并通过不断激励使善德必有善报的心理得以不断"再生产"和"有效复制",从而构建崇尚善德、信仰善德必有善报的社会整体思维方式,形成人人向善的社会氛围,维护社会稳定。

三、研究者的角色定位：创新制度安排、推进新时代大学生社会主义核心价值观教育的关键

创新制度安排、推进新时代大学生社会主义核心价值观教育,核心在于如何创新和创设能够提升新时代大学生社会主义核心价值观教育实效性的相关制度安排。这一问题的解决,首要前提和关键在于厘清创新制度安排视域中研究者的角色定位。

（一）研究者既是"理性思考者",更是"自觉践行者"

创新制度安排、推进新时代大学生社会主义核心价值观教育,作为一种全新的尝试,首先需要进行相关理论的构建,而相关理论的构建则需要对之进行理论研究。然而,事实上任何研究者面对大学生社会主义核心价值观教育这一问题,都会自觉或不自觉地接受某种关于价值观教育的思想或理论,并由此进入一个观念世界。诚然,观念世界对于创新制度安排、推进新时代大学生社会主义核心价值观教育的研究而言,重要性不言而喻。因为,没有观念世界就不会有深刻的理论思考,没有深刻的理论思考,理论研究就会停留在肤浅的表层,从而失去其所固有的理论意义。但对于创新制度安排、推进新时代大学生社会主义核心价值观教育的研究者而言,离开对新时代大学生进行社会主义核心价值观教育的真实情境,就没有真切感受,就无从发现创新制度安排对于核心价值教育的功能和意义,而只能是空洞的"理论"建构。

因此,研究者既需要从创新制度安排视角对新时代大学生社会主义核心价值观教育进行理性思考,更需要走出书斋,参与到核心价值观教育活动中来,直面核心价值观教育的真实情境以及困难和问题。唯有如此,方有可能发现创新制度安排之于新时代大学生社会主义核心价值观教育的本真意义,提炼出有益思路,从而为核心价值观教育实践提供指引。

（二）研究者既是"理论解释者"，更是"现实变革者"

历史经验一再表明，人类的理性是有限的，在对事物本质的把握上，人类只能相对地认识对象而无法绝对地掌握真理。因而，研究者面对核心价值观教育的真实世界，习惯于进行多元和多视角的解释。尽管这种习惯性的解释也在一定意义上增进了研究的深度和广度，但是这种解释只能"照着讲"而不能"接着讲"，显然难以取得真正意义上的创新和突破。

马克思说："哲学家只是用不同的方式解释世界，而问题在于改变世界。"①这对于研究者而言，同样适用。如果只是沉湎于对已有理论进行"形式各异"但"本质雷同"的解读，只能"照着讲"而不能"接着讲"，自然算不上真正的研究。"解释世界"固然不可或缺，但"改变世界"尤为可贵，因为改变世界才是人类实践的最终目的。因此，研究者不仅要做"理论解释者"，更要做"现实变革者"。

（三）研究者既是"理论自觉者"，更是"人文关怀者"

毋庸置疑，"培养什么人、怎样培养人、为谁培养人"始终是新时代大学生社会主义核心价值观教育研究所要深入思考的根本问题。也正是这一问题的客观存在，使得研究者不仅要做"理论自觉者"，自觉进行深入的理论研究，更要做"人文关怀者"，以"科学设置"为前提，以"人文关怀"为根本，创设新时代大学生社会主义核心价值观教育所需要的制度。

制度作为调节人们行为及其相互关系的约束性条件和规则体系，其创设自然离不开理论的支撑。因此，研究者首先要做理论自觉者，通过理论自觉提升其研究的理论价值。但是，创新制度安排之于新时代大学生社会主义核心价值观教育的重要意义，在于为其提供"制度信任、合作有序、预期稳定"的制度条件，提升核心价值观教育的实效性。这一核心价值观教育从根本上说是一种人文活动，尽管它也具有某种意义上的科学性，但这种科学性归根到底还是为了大学生的成长。如果只是为科学而科学，而对新时代大学生本身漠不关心，那么新时代大学生社会主义核心价值观教育就失去了其本真意义。

---

① 《马克思恩格斯选集（第一卷）》，人民出版社1995年版，第57页。

更进一步说,对于创新制度安排、推进新时代大学生社会主义核心价值观教育研究,研究者不仅需要对其进行逻辑实证的科学判断,更需要予以人文的理解和观照;不仅需要科学判断某个事实,更需要关心现实中新时代大学生的真实状况及其发展。"科学判断"需要以一定的理论为其基础和前提,"人文关怀"的核心则在于研究者的"人文情怀",而且好的制度也从来不是冷冰冰的,而是充满温情的。因为,冷冰冰的制度只会使人被动消极地遵守,而难以产生情感上的共鸣和认同,更谈不上达成思想共识,内化于心、外化于行。因此,创新制度安排、推进新时代大学生社会主义核心价值观教育,不仅要求研究者做"理论自觉者",更要做充满人文韵味的"人文关怀者"。

时代新人视域下的研究生思想政治教育研究*

范迎春

【摘要】 "培养担当民族复兴大任的时代新人"是研究生思想政治教育的"新要求"。随着研究生教育改革的全面深化,高校思想政治工作全面加强,研究生思想政治教育取得长足发展,但在这一过程中也出现了科研至上思想突出、研究生思想政治教育认同不足等情况。为此,研究生思想政治教育要树立科研育人的理念,秉持"因事而化、因时而进、因势而新"的思想,增强思想政治教育亲和力,提升研究生思想政治教育对培养时代新人的价值。

【关键词】 时代新人;研究生;思想政治教育

党的十九大提出"要以培养担当民族复兴大任的时代新人为着眼点,强化教育引导、实践养成、制度保障"①。"时代新人"是党在新时代的育人目标,也为新时代高校思想政治教育工作提出了"新要求"。其中,研究生

---

* 本文系国家社科基金后期资助项目"新时代中国特色社会主义共享发展研究"(项目编号:19FKSB035)、河南省高校科技创新人才支持计划(人文社科类)(项目编号:2019-cx-020)、上海政法学院校级项目"中国共产党意识形态话语权的百年探索历程研究"的阶段性成果。
① 习近平:《习近平谈治国理论(第三卷)》,外文出版社2020年版,第33页。

是拔尖创新人才的重要来源,是高校思想政治教育工作的重点对象。研究生思想政治教育在高校思想政治教育工作中占据重要地位,肩负着为国家培养输送高层次的德才兼备的拔尖创新人才的重担。

一、培养时代新人:研究生思想政治教育的"新要求"

(一)时代新人的理论内涵与现实情况

"培养担当民族复兴大任的时代新人"蕴含着丰富的思想内涵。一方面,"时代新人"之"新"体现在中国特色社会主义进入新时代这一新的历史方位;另一方面也体现在时代新人要担当民族复兴大任这一新的历史使命。"时代新人"这一育人目标的提出既是中国社会历史发展的必然,具有深厚的现实基础,也是对党以往人才培养目标的继承和发展,具有深刻的理论基础。青年一代的理想信念、精神状态、综合素质,是一个国家发展活力的重要体现。首先,时代新人要具备崇高的理想信念和正确的政治方向,具体体现在共产主义理想、马克思主义信仰和坚持党的领导,拥护党的路线、方针、政策。其次,时代新人要有扎实的专业技能,能够胜任本行业的工作。再次,时代新人要担负起时代责任和历史使命。最后,时代新人要有奋斗精神,"坚定、自信、奋进、担当",是时代新人最基本的精神状态。这四个方面有机联系、相辅相成,从整体上诠释了时代新人的内涵。其中,崇高的理想信念和奋斗精神是练就扎实的专业技能的内生动力,而扎实的专业技能是有理想、有担当及奋斗精神的外在表现。自觉地担当使命则是对有理想、有本领的验证。总之,"所谓'时代新人',是'社会主义建设者和接班人'在新时代的体现和要求,指走在中国特色社会主义新时代的前列,具有坚定、自信、奋进、担当的精神状态,具有理想信念、爱国情怀、道德品质、知识见识、奋斗精神和综合素质,能够担当中华民族伟大复兴历史重任的奋进者、开拓者、奉献者"[①]。"时代新人"这一育人目标体现了青年成长成才规律与社会发展要求的统一,是对新时代下"培养什么样的人"的科学回答。

---

① 刘建军:《论"时代新人"的科学内涵》,《思想理论教育》2019年第2期。

时代新人以培养新时代的青年为主要目标。新时代的青年身处社会快速发展、多元文化激荡交织的时代中,尽管他们在政治觉悟、道德品质、社会责任等方面都具有较高的水平,但对照时代新人的育人目标,在理想信念、使命担当、技能提升等方面仍存在着一定的问题:一方面,理想信念与社会实践不同步。理想信念作为思想观念的顶层设计,起着统摄的作用,但其只有与实践相结合才能发挥价值引领的功能,个体的价值也只有在实践中才能得以确证。我们党能够披荆斩棘取得巨大成就正是源于理想信念与社会实践的同频共振。随着改革开放的深入以及市场经济下资本逻辑的宰制,部分青年理想信念丧失或者理想信念脱离社会实践,理想信念不但没有成为社会发展的现实伟力,反而羁绊了青年的脚步,导致部分青年在价值观、政治立场、道德品质方面有所偏离。另一方面,理想信念与责任担当相分离。理想信念只有转化为为国家、为民族的责任担当才能发挥其现实伟力,才能实现由思想到行为的转变。当下部分青年责任担当意识不足,没有将自我目标与民族复兴大任相结合,没有实现个人的进步与国家的发展同频共振,家国一体的责任担当意识不足。

(二)研究生思想政治教育的内在规定

研究生教学模式的特点是自由支配的时间多、与外界接触的机会多、活动范围大。研究生阶段课堂教学已经不是主要形式,导师的个体传授和师门之间的互动成为重要形式,呈现明显的自主教育特征。我们在这里讨论的研究生思想政治教育是指培养单位借助于各种现代化媒介,为使研究生树立正确的理想信念、学术道德、国家情怀等而开展的政治、思想、道德教育。相比于一般意义上的思想政治教育,"学术道德教育"是研究生思想政治教育的重要内容,使研究生在科学精神的指引下,以正确的学术道德、道德情操约束自己的科研行为,实现理想信念与学术道德、家国情怀的统一。研究生思想政治教育更加强调"自我教育",与此对应的教育方法、介质的选择也要更符合研究生群体的个性特点。

(三)培养时代新人是新时代研究生思想政治教育的价值目标

思想政治教育作为社会系统的一部分,具有鲜明的人本取向。以人为本、促进人的全面发展,是思想政治教育的价值指向。以人为本就是"把人作为主体和目的,而不仅仅是教育的客体和被改造的对象,把人作为教育的本质而不是单纯的教育结果"①。研究生思想政治教育就是要关注研究生的需求和发展,在研究生教育过程中,完成研究生自我价值观的建构,从而满足其心理需求,提升其道德素养,实现其全面发展。新时代研究生思想政治教育以培养"有理想、有本领、有担当"的时代新人为己任,以研究生的主体需要为出发点、以研究生的利益为发展动因,以研究生的发展为追求,使研究生能够清醒认识自己所处时代的机遇和自我的使命担当,树立正确的家国情怀、科学精神和道德观念,明确自己的责任与担当,将个人目标与国家发展目标相结合,做到求真与力行相统一。研究生思想政治教育只有以培养"时代新人"为己任,才能增强教育的针对性、有效性,说服力、感染力,从而实现研究生思想政治教育价值目标从实然向应然的范式转换。

二、时代新人视域下研究生思想政治教育的现实困境

(一) 科研至上思想突出,导致研究生思想政治教育效果弱化

部分高校在研究生培养过程中,科研至上思想突出,对研究生的考核和评价也主要是以科研成果为依据,忽视思想政治教育规律和方法。高校管理部门对研究生思想政治教育的具体要求、考核机制等认知不足,往往只是从普遍意义上泛泛而谈研究生思想政治教育的重要性,缺乏切实可行的操作路径,没有担当起思想政治教育的主体角色。"教书和育人是导师的两大基本职责,导师负有对研究生进行思想政治教育的首要责任。"②很多导师潜意识里认为自己只是对学生的学业负责,思想政治教育应该由辅导员来进行。加之导师本身科研任务重,其也就没有充分发挥思想引领的作用;而研究生对思想政治教育的作用和效果的认识不足,甚至认为这占

---

① 张耀灿、郑永廷、吴潜涛、骆郁廷等:《现代思想政治教育学》,人民出版社 2006 年版,第 287 页。

② 《教育部关于进一步加强和改进研究生思想政治教育的若干意见》,教育部网站,2010 年 11 月 17 日。

据了自己宝贵的科研时间,从而在思想政治教育实践中缺位。

(二)研究生思想政治教育工作的调整转型带来的影响

研究生思想政治教育与时代同行、同频共振,关注研究生的个性与共性,肩负着时代所赋予的责任和使命。要使研究生能够理解新时代的伟大意义,领会中国共产党百年奋斗史的成功经验,真正认识中国共产党能、中国特色社会主义好、马克思主义好,就需要调整研究生思想政治教育的理念、内容和方法等。新时代的研究生思想政治教育要体现中国式现代化新道路、人类文明新形态等的世界意义,这就要求思想政治理论工作者具有敏锐度,能对新时代出现的新问题作出有说服力、前瞻性的解释,创新教育方法,不断与时俱进。但客观上要达成这样的任务,仍是有一定难度的。

(三)新时代研究生思想政治教育面临认同问题

新时代研究生思想政治教育的认同对于提升思想政治教育现代化、强化教育效果等具有重要作用。但现实中却是"社会上不受欢迎,认为思想政治教育这一套没有用;学术也不够,认为思想政治教育都是时政语言,缺乏知识,更不要说学术含量"[①]。新时代研究生思想政治教育面临认同难题。一方面,现代社会将研究人的思想行为的思想政治教育的学术情怀的遮掩,从而引发一定程度的精神空白,也使研究生思想政治教育难以获得社会的高度认同。另一方面,理论研究者对新时代相关问题的精准阐释直接影响研究生的认同度。现实却是,经院化的理论研究成果对于实践的指导性不足,这也不断吞噬着思想政治教育者的自信。

三、时代新人视域下研究生思想政治教育的提升策略

(一)树立科研育人的理念

科研育人将研究生的科研实践活动与思想政治教育活动相结合,客观上要求寓思想政治教育于科研之中,在不断提升研究生科研能力的同时,实现对其理想信念、学术道德、科学精神等的引导。为此,首先,学校、科研

---

① 孙其昂:《论思想政治教育研究的科学化与组织化》,《思想理论教育》2011年第11期。

管理部门、导师、辅导员等作为科研育人的主体,要投入更多的精力和资源到科研育人的实践中,以此来实现研究生思想认同和行为发展的同步。其次,要将思想政治教育与科研深度融合。从研究生成长、成才的角度,整体上统筹思想政治教育与科研融合的制度、方案。在研究生学术报告、与导师的日常交流中融入思想政治教育元素,让思想政治教育所具有的价值观念、道德规范等潜移默化地融入研究生的科研工作中。最后,要提升研究生在科研育人中的获得感。要为研究生参与科研育人提供机会,让研究生在科研探索、实践之中,既感受到科研水平的提升,又感受到思想政治教育所倡导的理想信念、学术道德、科学精神等。研究生导师要坚持育人为本、德育为先,以"培养担当民族复兴大任的时代新人"为己任。

(二)秉持"因事而化、因时而进、因势而新"的思想

要以"三因"为基本理念,把"事""时""势"融入研究生思想政治教育过程中。"因事而化"要求思想政治教育工作者深刻把握我国社会的主要矛盾由"人民日益增长的物质文化需要同落后的社会生产之间的矛盾"已经转化为"人民日益增长的美好生活需要和不平衡不充分的发展之间的矛盾"的重大判断。这一新判断,是对新时代中国特色社会主义发展的基本性质和特征的科学概括,是对新时代社会发展新动力的科学把握。由于不同的人对"美好"的理解是不同的,所以人们在追求美好生活的过程中就容易出现认识上的偏差。为此,要结合研究生的个性特点和需求,引导他们对美好生活有正确的认知和判断。"因时而进"要求研究生对新时代这一新的历史方位以及随之而来的新的历史变化有清醒的认识。新时代既有新机遇,也有新问题和新任务。新时代研究生思想政治教育要用自身独特的话语和理论来叙述、分析、阐释我国面临的重大时代课题及各领域呈现的新问题,并作出积极的回应,使新时代研究生的政治觉悟、道德规范等与新时代的要求同频共振。"因势而新"要求研究生思想政治教育要依据世界和中国发展的最新形势、新时代研究生个体面临的微观情况等来创新教育的形式、载体、方法等,以不断丰富教育的内涵,提升教育的效果。总之,"因事而化、因时而进、因势而新"既把握了思想政治教育的内在规律,又体现了教育的系统连贯性以及方法的科学性,实现了研究生思想政治教育目

标与要求、思维及方法的内在统一。

(三) 增强研究生思想政治教育亲和力

亲和力是指思想政治教育的吸引力、说服力,是一种能够产生亲近感和归属感的情感认同的力量。"亲和力实质上是一种相互性问题,增强思想政治教育的亲和力,本质上就是要把握思想政治教育的相互性。"①具体到研究生思想政治教育而言,就是在把握教育主体与研究生、教育内容与方法等的基础上,形成新时代思想政治教育的主体性生态,在教育实践活动中形成一种合力育人的力量。为此,首先,新时代研究生思想政治教育要加强人文关怀。对教育者来说,要采用双向互动施教方式,推进其与研究生平等对话;要直面新时代新问题、关注研究生的思想状况,科学解答研究生的思想困惑。其次,要用新时代的新思想、新判断、新使命来实现思想政治教育的新内容、新任务、新要求。思想政治教育的理论不仅要具有阐释力,还应具有强大的批判力。最后,要创新研究生思想政治教育话语。习近平总书记强调"讲理论要接地气,要让马克思讲中国话,让大专家讲家常话,让基本原理变成生动道理,让根本方法变成管用办法"②。研究生思想政治教育的话语,要把晦涩难懂的文本、理论以百姓喜闻乐见的语言表达出来;还要根据不同的实践语境和具体的思想政治教育形式,采用相匹配的表达方式来传递思想。

---

① 邱仁富:《论新时代思想政治教育的亲和力》,《河海大学学报(哲学社会科学版)》2018年第12期。
② 中共中央文献研究室编:《习近平关于社会主义文化建设论述摘编》,中共中央文献出版社2017年版,第100页。

马克思风险社会视域下高校党史教育的挑战与强化

颜湘颖

【摘要】 在风险社会视域下,高校党史教育面临诸多挑战。运用马克思风险社会理论,我们需要辨析高校党史教育在微观、中观和宏观三个层面所面对的问题,并有针对性地采取措施,不断创新高校党史教育形式,提高高校党史教育的有效性。

【关键词】 马克思风险社会理论;高校;党史教育

一、问题的提出

高校党史教育是高校思想政治工作的重要组成部分。在风险社会视域下,高校党史教育面临诸多挑战,运用马克思风险社会理论来辨析这些问题,并采取相应的应对之策,成为摆在高校思想政治工作面前的课题。

目前,关于高校党史教育已有许多研究成果,既探索了高校党史教育的演变历程、内在价值,还讨论了高校党史教育的内容、困境、路径、方法等。通过梳理现有的研究成果,可以得出以下结论:

一是,我国在党史教育研究上的成果丰富,而且作为其分支之一的高校党史教育研究的专题性强。

二是，我国高校党史教育研究的核心理论体系是马克思主义相关理论。随着全球化时代的到来，我们面对更加复杂而多元的环境，马克思风险社会理论能帮助我们更加深入了解和关注现实的社会环境。

马克思风险社会理论日渐受到重视，相关研究成果不断涌现，比如王健就全面梳理了马克思风险社会理论的形成、主要内容，并讨论了当前中国社会风险及其治理方面的问题①。现有的关于马克思风险社会理论的研究成果大致可以分为两类：一类是关于马克思风险社会理论的解读，具体包括马克思风险社会形成的相关理论和实践基础；一类是讨论马克思风险社会理论的时代价值，将之与我国社会的时代特征和发展实际相结合。

马克思风险社会理论的形成有其深刻的经济、政治和文化背景，是其针对资本主义工业化过程中所出现的生态、经济、政治、社会方面的风险而进行的归纳和总结，具有强烈的现代性批判精神②。从马克思风险社会理论形成过程来看，这也是马克思对风险社会由现象关注到对其根源及发展规律本质剖析的思考深化过程，主要涵盖风险社会的存在基础、风险全球化的发展分析、风险社会的发展规律等几个核心内容。马克思也讨论了资本主义生产方式下的种种异化现象，比如对货币即物质带来的人与人之间以及对人的内在本质的种种影响，即会出现的人被物化、目的虚无、道德败坏、人际关系冷漠等几个方面的风险。文明异化是风险社会形成的文化根源，文化的产生和发展与满足人的需要有关，当某一文化模式不能再满足人的需要，而新的文化模式不但生成而且将取而代之时，文化冲突的发生也成为不可避免的事情③。上述这些风险在全球化的背景下，在我国的文化思想领域有所凸显。在不同文化的交往过程中，原有的文化模式存在被瓦解、同化的风险，这会对我国的信仰体系造成冲击。因此，我们需要在马克思风险社会理论的指导下，明晰我国高校党史教育的环境及其必要性。

---

① 王健：《马克思的风险社会思想及其当代价值》，人民出版社2018年版。
② 王健：《马克思的风险社会思想及其当代价值》，人民出版社2018年版，第30页。
③ 王健：《马克思的风险社会思想及其当代价值》，人民出版社2018年版，第55—61页。

二、当前高校党史教育的现状与问题分析

（一）高校党史教育的演进与现状

党史教育是我国思想政治教育的重要组成部分，在党史教育方面我们有着优良的传统。毛泽东指出："如果不把党的历史搞清楚，不把党在历史上所走的路搞清楚，便不能把事情办得更好。"邓小平指出："怎样研究党的历史，总结经验教训，教育党员，这是一个很严重的问题"，"我们要用历史教育青年，教育人民"。早在延安时期，党在开展党史学习教育过程中，就和整风运动结合起来，逐步形成以中共中央党校为代表的党校系统和以陕北公学、华北大学为代表的根据地革命大学两大党史学习教育系统。1949—1959 年是高校党史教育的初创时期，党史学习教育初步成为高校思想政治理论课程体系的重要组成部分。1959 年，国家教育部调整"中共党史"成为高校思想政治教育课程之一[①]。1978 年 4 月，教育部办公厅印发《关于加强高等学校马列主义理论教育的意见》，强调在高校普及中共党史课程的必要性并明确党史教学的目的是深刻理解领会毛泽东思想。1979 年，教育部要求高校开设"中共党史"必修课程。从 1985 年开始，教育部对高校思想政治理论课程体系进行改革，形成"85 方案"，将中共党史课程纳入中国革命史课程，而"98 方案"则提出马克思主义中国化教育是高校党史教育的主要内容[②]。2010 年 7 月，中共中央召开全国党史工作会议，明确提出要在高校的相关专业中开设中共党史课程。2015 年，中共中央办公厅、国务院办公厅印发《关于进一步加强和改进新形势下高校宣传思想工作的意见》，提出"加强党史、国史和形势任务政策教育"。

在我国高校党史教育的演进过程中，有两个比较鲜明的特征：一是提高党史教育的有效性和时代性，贯穿整个高校党史教育发展始终。在我国高校党史教育的不同阶段，不管是对课程设置的调整还是对党史教

---

① 陈荣武：《党史学习教育的历史考察与发展路向》，《思想理论教育》2021 年第 3 期。
② 段炼、金碧来：《改革开放以来我国高校党史教育的历史演进与启示》，《沈阳干部学刊》2019 年第 1 期。

育的定位,教学形式也有所深化和发展,更加注重宏观教育与个体教育、理论教育与实践教育相结合。我们现在思考如何进一步开发和运用红色资源来深化党史教育,提高党史教育的有效性和时代性,体现了党史教育的重要性。二是不同发展阶段,课程体系虽有所调整,但党史学习教育始终没有松懈过。

(二)高校党史教育的现状

党史教育是我国思想政治教育的重要内容,习近平总书记强调,"要着力抓好青少年这个群体,开展形式多样的党的历史知识、光荣传统和优良作风、英雄模范事迹的教育,积极推动党史教育进学校、进课堂、进学生头脑,从小培养青少年热爱党、热爱社会主义的感情"①。从目前我国高校党史教育的实际来看,呈现出以下几个特征:

一是党史教育覆盖面广。我国高校党史教育已经成为高校思想政治教育必不可少的一项内容,高校党史教育的覆盖面愈发广泛,除了专门的党史教育研究外,各高校也基本形成了以思政课为主体,涵盖学生日常教育管理各个方面的党史教育体系。

二是党史教育与时俱进。随着时代的变迁,教育对象、教育环境等都发生了变化,党史教育的内容也日益丰富。党史教育的内容体系,不仅仅指党的发展史,更有党的"不懈奋斗史""理论创新史"和"自身建设史"。

(三)高校党史教育面临的问题

我国的党史教育已经趋于成熟和完善,但仍然存在一些问题,具体表现如下:

一是高校党史教育一体化还有待完善。虽然我们在思想政治教育领域已经基本实现了大中小学一体化的教育体系,但在党史教育领域,出现了高校党史教育在内容的深度等方面与中小学党史教育的衔接不够紧密、区分度不够明显的情况。

二是党史专业出身的任课教师不多,很多都是哲学、历史学等相关专业的教师,因此在党史教育过程中难免会存在侧重点不同的情况。

---

① 《全国党史工作会议在京举行》,《中国青年报》2010年7月22日。

三是高校党史教育还是以传统的讲授方式为主,而在微时代背景下,受教育者对信息的接受模式也发生改变,对于知识的具象化、趣味化有了更高的要求。虽然现在高校也已经开辟了网上教育阵地,提高了实践教学的比重,但课堂讲授仍是主要形式,因而党史教育的有效性也受到了限制。

三、风险社会视域下高校党史教育面对的问题

我国发展面临更加复杂的环境和来自国内外的风险挑战,这些挑战涉及政治、经济、文化、社会等各个领域。马克思风险社会理论涉及了经济、生态、政治等各方面的风险。因此我们需要明晰微观、中观和宏观三个层面高校党史教育所存在的风险,并进一步创新我国高校党史教育形式。

(一)微观层面的风险及应对

微观层面的风险主要是指教育者与受教育者在党史教育中遇到的问题。

对于教育者来说,主要受到两个方面的制约:一是党史教育需要长期的努力及坚持,且教育效果并不是很容易量化的,这对于教育者的实际工作的成绩展现造成问题。二是教育者的专业背景在很大程度上会影响其关注的内容,对于非党史专业出身的思政课教师而言,其容易偏重于某一方面内容的讲授。

对于受教育者而言,其容易受外来意识形态的影响,比如功利化价值倾向等,使其对党史教育的重要性产生动摇。此外,大部分受教育者的关注点更多落在自身专业学习和职业发展上,因此对党史教育的重视程度不够。

鉴于此,需要进一步加强高校党史教育队伍建设,在发挥教师专业优势的同时,加强教师在党史专业上的学习和培训,推动其把党史与专业结合起来,形成一种党史教学和研究的自觉意识,以此拓宽党史教育的学科视野。同时要注重对受教育者在生活、学习、思想等方面的引导,进一步发扬理论联系实际的优良传统,提高受教育者对党史学习的主动性和接受度。

(二)中观层面的风险及应对

中观层面的风险在于,高校学生在高校中除了接受专业知识教育外,也开始为其步入社会作准备。同时,在信息化时代下,高校学生所能接触

到的外来信息异常丰富,同时也难以控制。面对如此情况,对学生进行党史教育就迫在眉睫。

面对风险,我们需要加强高校信息安全系统的建设,并充分引导受教育者如何甄别信息,避免受到不良信息的影响。同时高校也要利用好微时代下的各种传播媒介,建设网上教育阵地,化被动为主动。现在很多高校都开发了网上教育平台,其中也都包含丰富的党史教育内容。除此之外,高校校园文化建设中要着重培养学生的党史观,凸显党史意识的重要性,把党史教育扎实有效地融入校园文化的建设工作中,把党史教育寓于学生喜闻乐见的活动形式中,以此达到党史教育的效果。

(三)宏观层面的风险及应对

从社会大环境来看,外来文化,如历史虚无主义给受教育者带来了思想上的冲击。现在网络上信息纷繁复杂、良莠不齐,亦无法有效得到监管和控制,要引起高度重视。此外,社会上所出现的各种现象、问题和思潮也直接作用在受教育者身上,这会直接造成受教育者的认知上的偏差。因此守住我国文化建设的阵地,加强社会主义核心价值观的教育,提振中华民族的文化自信,是我们应对宏观层面风险的重要途径。

在马克思风险社会视域下,高校党史教育面对诸多的风险和挑战,需要我们加以重视,我们要不断强化和创新高校党史教育各个环节,提升高校党史教育的有效性。

培养时代新人与培育社会主义核心价值观

蒋翠婷

【摘要】 新时代背景下,培养时代新人和培育社会主义核心价值观有着紧密联系。培养时代新人的价值导向要与社会主义核心价值观的价值引领相结合。培育和践行社会主义核心价值观是培养时代新人的重要环节,并且必须以培养时代新人为着眼点。因此可以通过一些途径使得培养时代新人与培育社会主义核心价值观相互促进,如坚持以社会主义核心价值观的本质要求来引领时代新人的培养工作,以社会主义核心价值观的基本内容来规范时代新人的成长,将培育和践行社会主义核心价值观贯穿培养时代新人全过程,推动时代新人致力于践行、弘扬社会主义核心价值观,等等。

【关键词】 新时代;时代新人;社会主义核心价值观

十九大报告提出了"时代新人"的概念,指出要"培养担当民族复兴大任的时代新人",这是在新时代背景下对社会主义育人目标提出的新要求。自2013年中共中央办公厅印发《关于培育和践行社会主义核心价值观的

---

* 本文系2020年度上海政法学院校级项目"后疫情时代坚持社会主义核心价值观主导性研究"的阶段性成果。

意见》以来,培育和践行社会主义核心价值观就一直是我国凝魂聚气、强基固本的基础工程。在逐步实现社会主义强国的过程中,培养时代新人和培育社会主义核心价值观有着紧密联系,两者之间的互动关系值得关注。

一、培养时代新人的价值导向要与社会主义核心价值观的价值引领相结合

2018年9月10日,习近平总书记在全国教育大会上的讲话强调:"培养什么人,是教育的首要问题。我国是中国共产党领导的社会主义国家,这就决定了我们的教育必须把培养社会主义建设者和接班人作为根本任务,培养一代又一代拥护中国共产党领导和我国社会主义制度、立志为中国特色社会主义奋斗终身的有用人才。这是教育工作的根本任务,也是教育现代化的方向目标。"①时代新人要具备多重素质和良好的精神状态,而这一表述则对时代新人提出了明确的要求。我国是人民民主专政的社会主义国家,所以我们培养的人应当是社会主义的建设者和接班人。至于如何培养社会主义建设所需要的时代新人,则离不开社会主义核心价值观的教育和引领。

社会主义核心价值观有明确的社会主义意识形态属性,并且其自诞生之日起就引领社会主义意识形态和社会主义思想文化的发展。一是社会主义核心价值观是对社会主义意识形态的凝练和概括,是社会主义意识形态的本质体现。社会主义核心价值观充分反映了社会主义意识形态的本质,在整个社会主义社会的价值体系中居于核心和主导地位,意识形态的价值导向功能需要社会主义核心价值体系发挥引领作用,以增强社会主义意识形态的凝聚力。社会主义核心价值观由社会主义核心价值体系凝练而来,是价值体系的内核和集中表达,同样是社会主义意识形态的本质体现。二是我国意识形态建设需要坚持社会主义核心价值观的价值引领。十九大报告指出,我国"意识形态领域斗争依然复杂,国家安全面临新情

---

① 《坚持中国特色社会主义教育发展道路 培养德智体美劳全面发展的社会主义建设者和接班人》,《紫光阁》2018年第10期。

况"。这意味着在世界范围内意识形态领域的斗争并未消失,甚至没有减弱的迹象,而是持续且复杂的。当前意识形态领域的斗争主要体现为社会主义核心价值观与包括西方资本主义价值观在内的其他价值观之间的斗争,因此坚持和提升社会主义核心价值观的引领力是抵御西方价值观对我国影响、渗透,维护国家安全的重要方式。三是我国思想文化领域需要社会主义核心价值观的主导和引领。十九大报告指出,要"发挥社会主义核心价值观对国民教育、精神文明创建、精神文化产品创作生产传播的引领作用",这就是对社会主义核心价值观在教育、精神文明建设等领域发挥引领作用提出明确要求。

基于此,对于"时代新人"的培养,社会主义核心价值观承担着重要的价值引领责任。培养时代新人的价值导向要与社会主义核心价值观的价值引领相结合。时代新人在本质上是为中国特色社会主义事业服务的人才,需要接受社会主义意识形态的灌输。时代新人在意识形态斗争纷繁复杂的环境中,必须有正确的价值取向,才能避免被渗透和影响。时代新人在接受教育的过程中、在社会生活中以及在参与我国精神文明建设的过程中,必须接受社会主义核心价值观的教育和引领。

二、培养时代新人与培育社会主义核心价值观之间的联系

培养时代新人和培育社会主义核心价值观之间有着十分紧密的联系,培养时代新人需要社会主义核心价值观作为引领,培育社会主义核心价值观也离不开时代新人的参与。两者的互动关系表现在以下多个层面:

(一)培育和践行社会主义核心价值观是培养时代新人的重要内容

时代新人是社会主义的建设者和接班人,担当着民族复兴大任,需要具备诸多基本素质,这些素质的形成需要以社会主义核心价值观作为教育的重要内容。一方面,时代新人需要具备与时代需求相称的科学文化知识和专业能力,即有丰富的知识和过硬的本领;另一方面,时代新人需要有担当民族复兴大任的使命感,所谓时代新人最重要的就是"新"在他们处于新时代的历史方位中,要通过他们的努力亲手将中华民族伟大复兴的梦想变

为现实,这就需要他们有执着的信念和优良的品德。社会主义核心价值观既能在精神上为时代新人提供强大的学习动力,也能直接帮助时代新人树立坚定的共产主义和社会主义信念,增强其使命感。2018年9月10日,习近平总书记在全国教育大会上的讲话强调:"教育要在加强品德修养上下功夫,教育引导学生培育和践行社会主义核心价值观,踏踏实实修好品德,成为有大爱大德大情怀的人。"①这一论述也充分说明培育和践行社会主义核心价值观是基本的教育要求,培养时代新人需要将社会主义核心价值观教育作为重要内容。

(二)培育和践行社会主义核心价值观是培养时代新人的重要环节

"十年树木,百年树人。"培养时代新人不是一朝一夕能够完成的,需要长期坚持。在培养时代新人的各个环节中,培育和践行社会主义核心价值观就是其中重要一环。时代新人应当具备新时代社会主义建设者和接班人的必备素质,这些素质的形成需要家庭指导、学校教育、文化渗透、制度约束等的共同作用,尤其是时代新人正确价值观的形成更是需要长期且全方位的引导才能实现。无论是社会主义核心价值观内化于时代新人之心,还是外化于时代新人之行,都是培养时代新人过程中不可忽视的重要环节。2018年8月,习近平总书记出席全国宣传思想工作会议并发表重要讲话,他指出:"育新人,就是要坚持立德树人、以文化人,建设社会主义精神文明,培育和践行社会主义核心价值观,提高人民思想觉悟、道德水准、文明素养,培养能够担当民族复兴大任的时代新人。"②这一论述指出了时代新人基本素质中"德"的重要性,也指明了培育和践行社会主义核心价值观是培养能够担当民族复兴大任的时代新人的重要一环。

(三)培育和践行社会主义核心价值观必须以培养时代新人为着眼点

培育和践行社会主义核心价值观的重要性在一些文件精神中都有所体现,如《关于培育和践行社会主义核心价值观的意见》《关于进一步把社会主义核心价值观融入法治建设的指导意见》《社会主义核心价值观融入

---

① 《坚持中国特色社会主义教育发展道路 培养德智体美劳全面发展的社会主义建设者和接班人》,《紫光阁》2018年第10期。

② 习近平:《习近平谈治国理政(第三卷)》,外文出版社2020年版,第312页。

法治建设立法修法规划》等。十九大报告指出:"要以培养担当民族复兴大任的时代新人为着眼点。"①这指明了培育和践行社会主义核心价值观的出发点和落脚点,体现了社会主义核心价值观建设的根本就是要培养具有社会主义核心价值观的时代新人。价值观建设解决的是思想问题、灵魂问题,而培育社会主义核心价值观聚焦的是社会主义建设者和接班人的思想和灵魂,这既反映了时代新人迫切需要具备的素养,也进一步深化和拓展了对社会主义核心价值观建设的认识。要充分发挥社会主义核心价值观在时代新人培养中的引领作用,最大限度地激发时代新人实现中华民族伟大复兴重任的信心。

三、培养时代新人与培育社会主义核心价值观的途径

(一) 坚持以社会主义核心价值观的本质要求引领时代新人的培养工作

十九大报告作出了"发展社会主义先进文化,不忘本来、吸收外来、面向未来"的指示,同样的,社会主义核心价值观也要不忘中华优秀传统文化的"本来",吸收世界优秀文明成果的"外来",更重要的是面向中国特色社会主义新时代的"未来"。社会主义核心价值观的本质要求体现在坚持社会主义意识形态主导性,紧盯中国特色社会主义建设事业,突出中国特色社会主义的本质要求。在时代新人的培养过程中,一方面要坚持社会主义核心价值观的引领;另一方面要明确社会主义核心价值观的本质要求。

(二) 以社会主义核心价值观的基本内容规范时代新人的成长

社会主义核心价值观在社会主义社会价值观体系中处于核心地位,《关于培育和践行社会主义核心价值观的意见》指出:"富强、民主、文明、和谐是国家层面的价值目标,自由、平等、公正、法治是社会层面的价值取向,爱国、敬业、诚信、友善是公民个人层面的价值准则,这 24 个字是社会主义核心价值观的基本内容,为培育和践行社会主义核心价值观提供了基本遵循。"②尽管这些内容在表述时以三个层面展开,但这三个层面

---

① 习近平:《习近平谈治国理政(第三卷)》,外文出版社 2020 年版,第 33 页。
② 《关于培育和践行社会主义核心价值观的意见》,人民出版社 2013 年版,第 4 页。

却是紧密联系、相辅相成的。在培养时代新人的过程中,要时刻注意将24字作为价值观教育的重点,引导时代新人认识、理解、接受并认同这些价值理念,逐步落实并付诸实践。

(三) 将培育和践行社会主义核心价值观贯穿培养时代新人的全过程

《关于培育和践行社会主义核心价值观的意见》指出,"把培育和践行社会主义核心价值观融入国民教育全过程"①。培养时代新人主要靠教育,习近平总书记明确指出:"教育是提高人民综合素质、促进人的全面发展的重要途径,是民族振兴、社会进步的重要基石,是对中华民族伟大复兴具有决定性意义的事业。"②正所谓"百年大计,教育为本",要充分认识到教育在培养时代新人中的重要作用。因此核心价值观融入国民教育全过程的要求就意味着要将培育和践行社会主义核心价值观贯穿培养时代新人的全过程。教育包含着诸多阶段,价值观的形成是一个长期的过程,需要从小抓起,让孩子从小就在心中种下"要做什么人,要立什么志"的种子。对于教育阶段而言,社会主义核心价值观教育要形成大中小学一体化建设,并注意各个阶段的区分、衔接和连贯。对于教育范围而言,既要关注基础教育,又要关注职业技术教育和成人继续教育等各个领域。对于教育环节而言,要将课堂教育教学和教育服务管理充分结合起来。对于教育主体力量而言,要引导家庭和社会力量参与到学校教育中来。对于教育空间而言,要依据学生的时代特点和生活习惯,充分重视网络空间建设,营造风清气正、积极向上的网络环境。总的来说,就是要把培育和践行社会主义核心价值观贯穿培养时代新人的全过程。

(四) 时代新人应致力于践行并弘扬社会主义核心价值观

时代新人既要做社会主义核心价值观的践行者,也要做社会主义核心价值观的传播者,在践行社会主义核心价值观的基础上,努力弘扬社会主义核心价值观。时代新人之所以引起广泛热议,其主要原因是从时代新人的内涵和要求来看,其不仅要具备较高的素质,还必须有良好的精神状态。

---

① 《关于培育和践行社会主义核心价值观的意见》,人民出版社2013年版,第6页。
② 习近平:《做党和人民满意的好老师:同北京师范大学师生代表座谈时的讲话(2014年9月9日)》,人民出版社2014年版,第2页。

习近平总书记多次对时代新人的精神状态作过阐述,如"青年一代有理想、有担当,国家就有前途,民族就有希望"①;"希望你们珍惜韶华、奋发有为,勇做走在时代前面的奋进者、开拓者、奉献者"②;"广大青年要坚定理想信念,志存高远,脚踏实地,勇做时代的弄潮儿"③,这里的"有理想、有担当""奋进者、开拓者、奉献者""时代的弄潮儿"等都是对时代新人精神状态提出的期待。时代新人也要将这种饱满的精神状态传递出去,大力弘扬社会主义核心价值观,为中国特色社会主义建设事业贡献力量。

---

① 中共中央文献研究室编:《习近平关于青少年和共青团工作论述摘编》,中央文献出版社2017年版,第3页。
② 中共中央文献研究室编:《习近平关于青少年和共青团工作论述摘编》,中央文献出版社2017年版,第45页。
③ 习近平:《习近平谈治国理政(第三卷)》,外文出版社2020年版,第55页。

思想政治教育在时代新人培育中的突出作用

秦 关

【摘要】 时代新人的培育不仅是中国共产党作为执政党在中国特色社会主义新时代发展中培育建设者与接班人的重要任务,同时也是中华民族为实现伟大复兴中国梦的迫切要求。大学生是时代新人的主要群体之一,应对其进行必要的思想政治教育,并对其专业技能、人文素养、时代责任等进行综合性塑造。当前许多高校在思政课程实施、校园文化建设等方面存在偏差与不足,因此,如何发挥思想政治教育在时代新人培育中的突出作用是当下亟待研究的问题。

【关键词】 时代新人;思想政治教育;突出作用

十九大报告明确提出要"培养担当民族复兴大任的时代新人"。同时,宣传思想工作是做人的工作的,要把培养担当民族复兴大任的时代新人作为重要职责。培养时代新人不仅是中国共产党作为执政党在中国特色社会主义新时代发展中培育建设者与接班人的重要任务,同时也是中华民族为实现伟大复兴中国梦的迫切要求。大学生是时代新人的主要群体之一,高校应以思想政治教育为抓手,从专业技能、人文素养、时代责任等方面对大学生进行塑造。

一、思想政治教育在培育时代新人中的特殊地位

"时代新人"的"新"是指在培育社会主义接班人的过程中融入新时代要求,使其成为有理想、有本领、有担当的社会主义新人。立足于中国特色社会主义新时代,时代新人的内涵可从以下三个维度进行解读:第一,时代新人"作为现实的个体的新人主体,其内涵就是全面发展,其基本遵循的逻辑就是在系统整体视域中运用全面发展逻辑"①。推动并实现个人的全面发展不仅是马克思主义者的坚定立场,更是实现共产主义自由人联合体的必经之路。第二,"实现中华民族伟大复兴的中国梦,需要一代又一代的有志青年接续奋斗……要以国家富强、人民幸福为己任,胸怀理想、志存高远,投身中国特色社会主义伟大实践,并为之终生奋斗。"②社会的持续发展离不开社会主体的推动,奋斗精神是时代新人理应具有的良好精神状态,要求时代新人在精神层面积极地做社会主义接班人。第三,作为新时代中国特色社会主义各项事业的继承者与建设者,时代新人应主动承担起民族伟大复兴中国梦的使命,推进中国特色社会主义各项事业的发展。

高等教育机构能够为时代新人的培育提供更系统、更专业的教育平台,向社会输送专业人才。高校所面对的教育对象正是时代新人的主力军——大学生,大学阶段是大学生世界观、人生观和价值观形成的关键时期,以思想政治教育为抓手,对大学生进行全方位塑造成为重点。高校思想政治教育在时代新人的培育中具有不可替代的地位和作用。

二、时代新人的素质修养

培育"时代新人"要求当代大学生要成为德智体美劳全面发展的社会

---

① 刘波:《论时代新人的内涵演进与培育逻辑》,《西南民族大学学报(人文社科版)》2019年第7期。
② 习近平:《在知识分子、劳动模范、青年代表座谈会上的讲话》,人民出版社2016年版,第11页。

主义建设者和接班人,不仅要注重单项技能的发展,同时要注重综合素质的全面养成。然而,许多大学生虽然专业能力日益精进,拥有良好的专业素养,但却在人文底蕴、科学精神、责任担当和实践创新等方面有欠缺与短板。单项技能突出、其他素养欠缺的情况与塑造时代新人全面发展的目标相冲突,是亟待解决的问题之一。

奋斗精神要求当代大学生奋发向上,以饱满的姿态迎接新时代提出的各种挑战。然而,社会转型所带来的个人主义、自由主义等社会思潮让许多大学生深受影响,导致出现了诸如"佛系""无欲望"等随缘思想与颓废心态。大学生缺乏为社会发展贡献一己之力的社会责任感,缺乏为民族复兴而努力奋斗的坚定立场。

实现中华民族伟大复兴中国梦是时代新人所必须担当的时代使命。然而,有的大学生理想信念不够坚定,出现了信仰迷茫、精神迷失等精神状态,对于为人民谋幸福、为民族谋复兴的时代使命未能深刻认识。一些大学生虽然认识到承担时代使命的重要责任,但却成为空喊口号的"双面人",在实践过程中缺乏主动性,导致理想信念与实际行动相脱钩。

三、培育时代新人过程中的问题及原因分析

全国高校思想政治工作会议召开之后,教育部启动"三全育人"(即全员、全过程、全方位育人)综合改革试点,指导思想政治工作队伍建设,大力推动理论创新和实践探索,在构建十大育人体系、形成三全育人格局上积累了一定的经验并取得了可观成效。但在具体的实施过程中还有一些方面需要改进和优化。

(一)"思政课程"与"课程思政"的育人效果有待提升

"思政课程"即高校思想政治理论课,是高校课程德育的主渠道,也是大学生思想政治教育的主渠道,是帮助当代大学生树立正确世界观、人生观、价值观的重要途径。"课程思政"是使高校各类专业课程与思想政治理论课相融合,形成同向同行的协同效果,体现立德树人的课程观念,是对课程德育的政治提升,是保证高校运用思想政治教育达成育人效果的有效途

径。"思政课程"和"课程思政"的共同目标都是培养社会主义合格的建设者和接班人,两者侧重点不同,"思政课程"侧重于系统的思想政治理论教育,"课程思政"侧重于在各类各门课程中的思想价值引领。在高校育人过程中,"思政课程"存在着教师过分依赖思想政治理论内容,过度向学生灌输理论知识,导致课堂形式墨守成规,课堂效果枯燥呆板,学生无法主动接纳思政理论知识,不能形成系统的思政知识体系的情况,而"课程思政"虽然注重课堂中的思想价值引领,但却存在着非思政专业教师因对思政理论知识缺乏专业性,导致授课过程中无法进行潜移默化的认知牵引与思想价值引导的问题。因此,如何将显性灌输的"思政课程"与隐性引导的"课程思政"相结合,是提升育人效果的重要环节。

(二)校园文化与"人文关怀"的有机融合有待深化

校园文化是以学生为主体、以校园为主要空间、以课外文化活动为主要内容、以校园精神为主要特征的群体文化。校园文化体现着一所学校的环境氛围、文化底蕴、精神风貌,在物质层面与精神层面同时体现着对学校师生人文关怀的程度,"校园精神文化是校园师生精神的风向标和养分补给站,具有历史继承性与发展前瞻性"[①],校园文化在不断传承与发展的过程中,理应时刻以学生为主体,为其营造良好的人文关怀氛围。然而,当下许多高校在校园文化建设中,对学生的各类实际需求和提出的建议缺乏有效、及时的回应。如果高校未能形成良好的人文关怀氛围,则不利于从情感层面激发学生的共鸣。

(三)理想信念与社会实践的内在统一有待加强

坚定中国特色社会主义事业和共产主义事业立场是当代大学生理应具有的理想信念。高校是培育、塑造大学生理想信念的主要阵地,同时也为大学生提供了将理想信念外化于行的实践渠道,然而,许多高校在对大学生进行理想信念教育的同时,忽略了与之相适的社会实践活动,导致理论内化与实践外化的"两张皮"现象,未能将理想信念的引领作用渗透于社会实践活动中,两者的有机统一有待加强。

---

① 王红、范若冰:《马克思主义整体性视域下高校校园文化建设路径探析》,《高教探索》2019年第7期。

四、以思想政治教育培育时代新人的路径

(一)显性教育与隐性教育相结合

在高校思想政治教育中,无论是"思政课程"还是"课程思政",都要以正确的理论导向为依托,即确立正确的"三观"、树立社会主义核心价值观、坚定马克思主义信仰。同时,高校教师还要注意授课技巧,适度地将显性教育和隐性教育有效结合起来,避免过度的理论灌输或理论淡化。传授理论时,应发挥学生的主体作用,将时代精神带入课程,以贴近学生生活的鲜活事例进行实际解读,避免单刀直入式的理论灌输,在进行显性教育的同时发挥隐性教育的作用。隐性教育"具有教育策略上的隐蔽性、教育资源的广泛性、课堂教学的渗透性和教育方式的实践性等特点"[①]。教师在专业课授课过程中,应结合所授学科的专业特点,将思政理论知识融入其中并进行升华,将专业知识与思政理论牢牢结合在一起,自然地融入大学生的日常生活、工作和学习中。只有"课程时代感和吸引力不断增强,科学性和艺术性不断提升,融通性和说服力不断提高"[②],学生的主体作用才会不断增强,如此才能为当代大学生所接受和喜爱。

(二)校园文化熏陶与服务育人相结合

高校应积极发挥校园文化对大学生潜移默化的作用,通过艺术教育、美育等来熏陶和陶冶学生心灵,从侧面对思想政治教育进行辅助。同时,还应以学生的现实需求为出发点,聚焦其具体的衣食住行、学思悟践并予以实际关怀,以此引发学生的情感共鸣。"新时代高校文化育人要想把握大学生动态的成长发展需要,找准大学生思想与利益要求的交汇点,从而增强育人工作的针对性和吸引力,就要善于动起来、活起来,以动制动、以动迎动"[③]。将校园文化熏陶与服务育人相结合,可增强大学生对学校和社会的情感认同。

---

① 崔学锋:《美国高校隐性思想政治教育及其借鉴》,《思想政治教育研究》2014年第2期。
② 李成超:《时代新人塑造能力提升的几个关键问题》,《思想理论教育导刊》2019年第4期。
③ 冯刚、张芳:《新时代高校文化育人的理论与实践探析》,《湖北社会科学》2019年第5期。

(三) 理想信念教育与社会实践相结合

高校在对时代新人进行理想信念教育的过程中,一是以德为先,使其认识到"德性"在成长过程中对于个人、家庭、社会和国家的重要性。二是育其"智",使其具备专业的知识素养,并在育"德"育"智"的基础上为其提供与之相适的社会实践平台,推进时代新人德智体美劳全面发展。"当前,高校实践育人工作特别是实践教学依然是高校人才培养的薄弱环节。"①为此,高校思想政治教育在开展社会实践活动时,将教育目标贯穿于社会实践过程和评价体系之中,如通过社会服务激发无私奉献精神,通过科学创新激发科学创新精神,通过国际交流激发爱国主义情感,通过社会调查激发实事求是精神,通过生产劳动激发艰苦奋斗精神,等等,促使大学生肩负与时代发展同频共振的历史使命感和责任感。

---

① 陶倩、石玉莹:《时代新人的新使命、新标准、新塑造》,《中国高等教育》2019年第3—4期。

马克思主义中国化的历史起源与当代启示

李望根

【摘要】 中国共产党致力于将马克思主义普遍原理与中国国情相结合,开创了马克思主义中国化的发展道路。民国时,马克思主义传入中国,先进知识分子尝试着将其与中国国情结合起来探索救国道路,这与当时的特定社会背景相关。本文结合民国时马克思主义传入中国的历史语境,把握和理解马克思主义中国化的起源过程,为当代中国的改革建设提供启示与借鉴。

【关键词】 马克思主义中国化;历史起源;当代启示

自1840年鸦片战争以来中国历经百余年的内忧外患,百余年间无数仁人志士为探索中国的出路付出了艰辛努力。1911年辛亥革命是中国近代史上的一个重要转折点,中华民国的成立一度为中国人带来了希望。但随着革命成果被窃取,中国很快又陷入了混沌状态,"中国往何处去"重新成为一个问题。民国时社会思潮此起彼伏,新文化运动犹如一声惊雷,一些文化健将把马克思主义引介到中国。

一、马克思主义传入中国前的社会背景

新文化运动是中国近代史上的重要事件。许多中国知识分子将近代中国急剧沦落的原因归于传统文化,并认为中国传统的文化价值观阻碍了中国发展出与西方列强相匹配的工业和军事技术。

1919年5月,《巴黎和约》签署后,中国发生了大规模的民众抗议活动,即五四运动。根据条约,德国在中国的领土权利并没有像预期的那样归还给中国,而是转交给了日本。中国政府对这一决定的默许激怒了学生,学生火烧赵家楼,并袭击了被视为卖国贼的北洋政府高官。在接下来的几周里,全国各地都发生了示威游行。诸多学生在这些事件中伤亡,许多人被捕。从6月5日开始的一周,上海和其他城市的商人和工人罢市罢工支持学生。面对这种态势,政府被迫妥协,中国拒绝与德国签署条约。新文化运动时期的启蒙知识分子认为,解决中国问题的方法是采用西方的科学和民主观念,摒弃强调服从、秩序及等级制度的传统观念。作为这场运动的一部分,当时出现了400余种新刊物,用以传播新思想。具有现代意识与观念的知识分子成为中国政治发展的重要力量。

二、马克思主义中国化的缘起

第一次世界大战后世界列强对中国的侵略加剧,中国的国家主权受到了更严重的侵犯,半殖民地半封建的程度更深①。国内的军阀势力为了保护自身利益,分别寻找不同的帝国主义国家作为靠山,不惜牺牲国家主权与利益,中国的民族危机日益加深。与此同时,各地军阀为自身利益考虑,相互间不断进行争夺与战争,使国内社会环境极为恶劣,人民生活痛苦不堪,社会矛盾进一步激化,国内政治环境极为动荡。

一战之后世界资本主义殖民体系出现了重大变化,帝国主义的统治出

---

① 王南湜:《马克思主义哲学中国化的历程及其规律研究》,北京师范大学出版社2012年版,第12页。

现了危机,世界各地出现的革命与斗争很大程度上打击了帝国主义的嚣张气焰。资本主义经济发展也出现了新的问题,不同资本主义国家之间政治经济发展不平衡,潜藏诸多矛盾与隐患[①]。与此同时,以十月革命为代表的共产主义运动推动了国际共产主义运动的蓬勃发展,共产国际对中国革命提供了帮助和支持。

在新文化运动中,陈独秀与李大钊合作,利用《新青年》发表了大量关于马克思主义的文章。十月革命后《新青年》杂志发表的《我的马克思主义观》《布尔什维克主义的胜利》等文章越来越大胆地宣传马克思主义思想。孙中山在流亡英国期间曾阅读过《共产党宣言》,研究过欧洲的社会主义运动。1919年,随着五四运动在中国的发展,许多重要期刊发表了支持社会主义革命和马克思主义的文章。1920年,陈独秀认为出版《共产党宣言》全译本的时机已经成熟,要用地道的汉语传达出原文的精确含义。随后,马克思主义的理论得到了更多的关注和传播。

中国具有数千年的文化传统,深远的文化影响使国人的思想难以轻易改变。因此,马克思主义中国化的发展必然要借助传统文化的力量。马克思主义者尝试寻找马克思主义与中国文化的契合之处,进而更好地宣传和推广马克思主义。在中国的传统文化中,传统意义上的社会理想和价值目标与马克思主义颇有契合之处,即大同思想。通过这个契合点,马克思主义在中国的传播让国人更易接受和理解。

三、马克思主义中国化的形成与发展

自五四运动以来,借助新文化运动创造的成果,马克思主义在中国得到了广泛的传播。与此同时,对于马克思主义的深入研究和中国化的探索开始萌芽,为日后马克思主义中国化的发展奠定了坚实基础。从传播主体来看,马克思主义理论在中国的传播主体多种多样,不同政治力量都在为其传播贡献力量,使其传播的源头呈现多元化的特点,传播范围广,受众

---

① 曹泳鑫、吴军:《马克思主义中国化内涵与构建范式——从毛泽东"38命题"、后续阐述到当代化"链结"》,《毛泽东邓小平理论研究》2007年第3期。

多。从传播内容来看,马克思主义的传播既注重理论性研究的传播,也重视大众化的宣传。同时,深入而坚实的理论研究也可以很好地为马克思主义大众化传播提供基础。从传播方式来看,马克思主义的传播非常注重与中国传统文化和思想的结合,为了使人们便于接受和理解,在大众化传播过程中,往往会寻求其与传统观念的契合点,如大同思想、民本观念等。作为数千年的文明古国,中国对外来文化进行创造性转换,这种形式使得马克思主义的传播更为便利。在马克思主义的传播过程中,传播者一方面扩大了马克思主义的受众范围,另一方面也为马克思主义中国化积累了深厚的理论基础,为马克思主义中国化的萌芽奠定了基础。

任何一种活动形式如果没有良好的组织作为支撑,必然难以长期维系,马克思主义的传播也是一样。在近代中国,马克思主义的传播源头十分广泛,并没有形成较为完善的体系,虽然其传播速度快、范围广,但整体的传播质量并不均衡。随着马克思主义传播存在的问题逐步显现,先进知识分子自发形成了进步社团,用以组织、管理马克思主义的研究和宣传活动,这在很大程度上促进了马克思主义的学习、研究和传播,为日后的发展奠定了坚实的基础。

自五四运动以来,中国的工人阶级逐渐发展成为一支独立的政治力量,开始登上历史舞台①。工人阶级对于马克思主义的认同具有至关重要的作用,其与马克思主义充分结合后,更好地推动了无产阶级革命。随着工人阶级对自身地位的充分认识,他们开始进行一定程度的自发斗争,一方面是为了维护自身利益,另一方面他们也逐渐成长为马克思主义的践行者。

任何一种学说如果要发展,必然需要坚实的发展主体,就马克思主义在中国的传播而言,中国共产党的创立使其具备了优秀的发展主体。中国共产党成立后吸引了一大批优秀的马克思主义者,为马克思主义中国化开创了良好的局面。中国共产党对当时的社会环境和现实情况进行了客观分析,认清了当时的现实条件,因而在其领导下联合了所有可以联合的力

---

① 王向明:《雄关漫道:马克思主义中国化的历史进程及其理论成果》,《教学与研究》2015年第10期。

量,共同为中国革命的发展谋求出路。在此过程中,中国共产党为马克思主义中国化积累了宝贵经验和财富,也推动了中国革命顺利发展。

无论从主观还是客观条件来看,马克思主义中国化的发展都是历史的必然要求。在驱逐外来侵略势力过程中,中国共产党提出并实践了抗日民族统一战线等主张,推动了马克思主义中国化。国民革命失败后,中国共产党及时吸取经验教训,进一步发展中国革命,随之进入土地革命战争时期,使马克思主义中国化得到了更持续的发展。

四、马克思主义中国化的当代启示

马克思主义的传入和发展为中国的崛起带来了希望和光明。在马克思主义中国化的过程中,如果没有党的领导和努力,中国近代的悲惨道路或将更加漫长。历史是现实的老师,在历史经验和教训的指引下,人民才可以更好地生存和发展。当代人应该充分认识和学习历史,尤其是党的发展历程。从历史经验中可以看出,只有中国共产党才能救中国,才能领导人民拥有现在的美好生活。

理论研究是现实实践的基础和前提,只有进行充分的理论研究,才能更好地推动实践的发展。在任何时期,中国共产党都没有忽视对于理论的研究和学习。在马克思主义传入中国后,马克思主义者并未简单将其直接付诸实践,而是对其进行整理和研究。在其传播过程中,马克思主义者始终没有忽视对理论的深入研究。中国共产党成立后,更是对马克思主义理论进行了全面的研究和细致的剖析,使得党的工作有了清晰而明确的理论支持。在新时代,我们更应重视理论研究,结合时代特点和发展潮流,丰富和发展马克思主义学说,推动马克思主义中国化的进一步发展。

在中国共产党百年发展道路中,在马克思主义中国化的艰辛历程中,我们对马克思主义的学习和研究从未间断。马克思主义是已经成形的理论,但时代和社会是在不断进步与发展的,如果固守曾经的理论教条,忽视时代的特征和潮流,必然会落后于时代的步伐,难以真正做到理论指导实践。因此,要坚持与时俱进的原则,将理论与现实充分结合,更好地指引未来的发展。

  马克思主义虽然是外来的理论,但马克思主义理论是一种推动中国革命、建设、改革的正确理论。在新时代,全球化的速度越来越快,范围越来越广,国内外的各种思想观念、意识形态对舆论产生了不同程度的影响。在这种情况下,我们更要强化理论自信,认识到马克思主义理论对于我国发展的重要意义。

中华优秀传统文化传承与融入思想政治教育的路径

陈 婷

【摘要】 习近平总书记特别强调传承、弘扬中华优秀传统文化的重要性。我们要积极推动中华优秀传统文化与思想政治教育的深入结合，发挥中华优秀传统文化的价值引领作用，挖掘中华优秀传统文化中的思想政治教育资源，将中华优秀传统文化纳入思想政治教育中，把思想政治理论课作为对学生进行中华优秀传统文化教育的重要方式。

【关键词】 中华优秀传统文化；传承；思想政治教育；路径

中华优秀传统文化不仅是中华民族的记忆，而且蕴含着独有的思维方式、思想境界和人文素养。学校思想政治教育的重要目标和使命是培养德智体美全面发展，具有道德感、社会责任和历史责任，专业能力过硬、心理素质良好、意识形态稳定的社会中坚力量。思想政治教育为达成这一目标，在教育过程中既有面向学生的学科基础知识、心理健康教育和思想道德教育等内容，又有传承与弘扬中华优秀传统文化的内容。思想政治教育如何与中华优秀传统文化相融合，便成了关键。

一、中华优秀传统文化的价值引领作用

习近平总书记指出:"为什么中华民族能够在几千年的历史长河中顽强生存和不断发展呢?很重要的一个原因就是中华民族有一脉相承的精神追求、精神特质、精神脉络。"①经过漫长的历史长河的积淀,中华优秀传统文化蕴含着中华民族最深沉的价值追求,修身、齐家、治国、平天下等思想,对于智慧的启蒙、理性的培养等起着重要的引领作用。

(一) 开启民智

在古代,思想家就赋予文化以"文治与教化"的价值内涵。从这个意义上讲,文化实质上是"人文化"与"理性化"的化身。因此,伦理道德是文化结构的重要构成②。以儒家思想为主干的中华传统文化,以修身为起点,是个人行为的基本准则,蕴藏着丰富的道德资源。"仁"是孔子的核心思想,即要求每一个人主动自发地"行善避恶",即便"世衰道微,邪说暴行有作",人们也可以通过"自我要求"而遵循社会规范以保持和谐的人际关系。其中,"己所不欲,勿施于人"更是对个人行为的规范与约束。"惩忿窒欲""克己复礼为仁",要求克制自己的不当欲望、言行和情绪,按照礼的规定呈现自己的一言一行。怎样才能培养出如君子一样的高尚人格呢?孔子认为要遵循"志—学—思—行"的修养之道。"中华传统美德是中华文化精髓,蕴含着丰富的思想道德资源。"③对于当代社会成员来说,没有良好的道德素养,人们就不能顺畅、自觉地对外部世界做出合理、恰当的反应。

(二) 培养民风

儒家思想中的"仁",有"二人为仁"的寓意,表明儒家并不主张关起门做圣人;而儒家思想中"善"是指对长辈要孝顺,对兄弟姐妹要互敬互爱,对上司要忠诚,对朋友要诚信。人们开始考虑自身与他人、与国家之间的关

---

① 中共中央文献研究室:《十八大以来重要文献选编(中)》,中央文献出版社2016年版,第133页。
② 樊浩:《伦理精神的价值生态》,中国社会科学出版社2001年版,第129页。
③ 习近平:《习近平谈治国理政(第一卷)》,外文出版社2018年版,第164页。

系。重视家庭关系,注重朋友相处之道,构成了中华优秀传统文化的重要组成部分,也是当下树立良好的民俗民风、人际关系适度、社会关系和谐的宝贵资源。孔子说,"志于道,据于德,依于仁,游于艺",即以道为志向,以德为根据,以仁为依靠,而游憩于礼、乐、射、御、书、数六艺之中,亦志存高远,心怀天下。墨家提倡"兼相爱,交相利"和"尚贤",认为理想的政治是"兼爱"天下人。墨子认为:仁人在位,就要"兴天下之利,除天下之害",使国富民强,政治清明;要实现理想政治,就要用有贤德的人。老子追求的理想社会是"小国寡民",他说:"小国寡民,使有什伯之器而不用;使民重死而不远徙。虽有舟舆,无所乘之;虽有甲兵,无所陈之。使民复结绳而用之";"甘其食,美其服,安其居,乐其俗。邻国相望,鸡犬之声相闻,民至老死不相往来"。

(三) 发展教育

中华优秀传统文化的发展是一个不断积累、传承和创新的过程。在这一过程中,虽历经战争动乱、社会分裂、朝代更迭、外敌入侵和崛起复兴等阶段,但中华传统优秀文化并未中断自己的传统,而是在不断继承已有成果的基础上,获得发展更新的动力。董仲舒曾向汉武帝献"贤良三策",其一曰:"古之王者……莫不以教化为大务。立大学以教于国,设庠序以化于邑。渐民以仁,摩民以谊,节民以礼,故其刑罚甚轻而禁不犯者,教化行而习俗美也。"由此可见教化的重要性。中华优秀传统文化蕴含丰富的人文精神,对于青少年树立正确的世界观、人生观和价值观,确立坚定的理想信念具有潜移默化的作用。例如,儒家"仁"的精神,体现了以德为先的"穷则独善其身,达则兼济天下"的精神,中华优秀传统文化中所蕴含的爱国主义、自强不息、天人合一和诚实守信等精神,有利于广大学生树立正确的三观和坚定的理想信念,有利于广大学生自觉践行社会主义核心价值观,自觉担负起时代赋予的历史责任,把实现个人理想与实现中华民族伟大复兴的中国梦相结合。

二、中华优秀传统文化中的思想政治教育资源

"中华民族传统文化是中华民族生息繁衍中所形成的具有鲜明的民族

特色文化,是在长期的历史发展过程中逐渐形成和发展起来的相对稳定的文化样式。"①思想政治教育在本质上是通过信息传播,使受教育者对教育者的思想观念产生认同。习近平总书记指出:"我们要善于把弘扬优秀传统文化和发展现实文化有机统一起来,紧密结合起来,在继承中发展,在发展中继承。"②也就是说,如果要将优秀传统文化和当代思想政治教育融合起来,就要找到两者可以互相阐释、互为补充的方面,让学生意识到优秀传统文化的优点及作用。

(一)自强文化:国家强盛与个人发展

"自强"历来是中华民族的传统美德,且无论时代如何变化发展,自强文化的精神内核始终如一。《周易》的"天行健,君子以自强不息"是我国自强文化的浓缩,即君子努力向上,自我勤勉,奋发图强。《论语》的"士不可以不弘毅,任重而道远",强调的是士阶层的社会责任。顾炎武的名句"天下兴亡,匹夫有责",既昭示了国家与个人发展的内在联系,也揭示了在世界格局发生变化的情况下,个人所应承担的责任和义务。每个人的修身自立昭示着国家的兴旺,国家的强盛为个人的发展奠定了基础。将个人的发展融入国家发展之中,将个人的发展与国家发展紧密联系起来,正是以自强文化为依托,中国实现了从站起来、富起来到强起来的飞跃。自强不等于盲目自信,自强更不等于无视客观条件和环境,我们要树立不畏难的心态,勇于克服困难,承担时代的重任。

(二)道德文化:伦理规范和道德约束

在中国,各种道德观念、道德规范、道德理论相映生辉,体现了中国人对理想道德境界的追求。《孟子》是秉承道德文化的典范,其中"我善养吾浩然之气"是展现我国道德文化的箴言。"道"字在《道德经》中出现过70多次,顺"道"而兴,逆"道"而衰,一个"道"字暗含了诸多的伦理规范和道德约束。国家以伦理道德约束百姓,旨在提高大家的道德素养,并强调道德对于个人心性、家庭关系、社会风气、国家兴盛的作用;道德本身成为人们

---

① 王鹤岩、张志顺:《辩证继承中华民族传统文化中的德育资源》,《哈尔滨工业大学学报(社会科学版)》2019年第5期。
② 习近平:《习近平谈治国理政(第二卷)》,外文出版社2017年版,第313页。

自我约束的重要手段。新时代道德文化建设与市民生活息息相关，更成为中华民族全面复兴的重要精神支柱。

（三）诚信文化：立身之本与行为准则

中华民族自古就有"以诚为本，以信为先"的文化传统，诚信文化对于维系社会秩序是必不可少的。《论语》中的"人而无信，不知其可也"，说明了诚信是人的立身之本与行为准则。"言必信，行必果"，强调了君子的言行一致。当前，随着我国社会主义市场经济的发展，诚信的效力日益彰显，并成为发挥道德约束力、促进社会和谐的重要支撑。新时代的诚信问题不仅关乎国民的道德素质，更关涉民族和国家的形象。将传统诚信文化与现代诚信文化相结合，能共同推动我国诚信文化的发展并发挥其育人功能。

三、依托思想政治教育，实现中华优秀传统文化的育人功能

将中华优秀传统文化融入思想政治教育以实现其育人功能，是高校思政课教师的责任。习近平总书记指出，要深入挖掘中华优秀传统文化蕴含的思想观念、人文精神、道德规范，结合时代要求继承创新，让中华文化展现出永久魅力和时代风采。将中华优秀传统文化有机融入大学生思想政治教育，有利于应对多元文化渗透带来的严峻挑战、助推大学生社会主义核心价值观的培育与践行，切实增强大学生思想政治教育的实效性，对于加强和改进新时代大学生思想政治教育工作有重要意义。

（一）实践育人

中华优秀传统文化蕴含的道德规范、思想观念、人文精神，是思想政治教育的重要资源。首先要使学生对中华优秀传统文化形成正确的认知，并在实践中深化这种认知。可鼓励学生参与社会实践和志愿服务，或者以春节、元宵节、端午节、重阳节、中秋节等传统节日为契机开展丰富多彩的社会实践活动。通过对中华优秀传统文化的理性认识，加深学生对中华优秀传统文化的理解、认同，从而共情共鸣，继承文化品格，传承文化基因。学生要通过社会实践来丰富精神世界，启迪智慧，陶冶情操，做到"知行合一"。在全球化、信息化的时代，中西方文化既有交流和交融，也不乏交锋，

我们既要积极吸纳世界各国文化的好的方面,做到博采众长、兼收并蓄,还要在此基础上推进中华优秀传统文化的创新发展。

(二) 多平台育人

在新媒体时代,要将教育与信息技术深度融合,坚持线上线下相结合,丰富课堂载体。一方面教师要结合时事热点,精心策划主题,将传承和弘扬中华优秀传统文化纳入教学计划,还要构建"必修课＋选修课＋讲堂沙龙"的教学体系,合理运用情景教学、体验教学、问题教学等方式方法将中华优秀传统文化教育工作纳入教育督导范围。另一方面教师要充分利用互联网技术构建宣传教育平台,占领网络主阵地,弘扬传统美德。可通过微电影、微视频等传播中华优秀传统文化知识,使其更具亲和力和亲近感,也可通过"微"平台定期推送一些中华优秀传统文化方面的专题,对学生进行正向引导。

(三) 校园文化育人

学校可利用主题团日活动、文化艺术节、社团拉力赛等开展融知识性、教育性、趣味性、思想性于一体的校园文体活动,让学生在亲身参与和互动体验中感受、认知并认同中华优秀传统文化的魅力。此外,在校园规划与建设过程中要充分融入中华优秀传统文化元素,校园雕塑、文化广场、图书馆、档案馆、校史馆等,要体现中华优秀传统文化,让学生在日常学习与生活中受到熏陶和激励。还可实施以中华优秀传统文化为核心的校园文化工程,如开展中华经典诵读活动,开设中华文化公开课,举办校园文化艺术节,推进戏曲、诗词、高雅艺术等进校园,培养学生对中华优秀传统文化的兴趣,继承文化精神,讲好中国故事。

党史教育中的国学智慧

周 丹

【摘要】 理论创新是中国共产党得以发展壮大的不竭动力,也是其特有的自身优势。在继承和发展马克思主义的前提下,中国共产党的理论创新还内在承继了中华优秀传统文化的基因。中华优秀传统文化是中国共产党理论创新的根和魂,对中国共产党理论创新有着重要作用,也是新时代中国共产党党史教育中的必然一环。

【关键词】 党史教育;国学智慧;理论创新;中华优秀传统文化

理论创新是中国共产党发展壮大、不断前行的动力,也是百年大党的传统和优势。在党的历史教育中,中国共产党的理论创新到底蕴含着哪些中华优秀传统文化的基因呢?本文通过考察党的理论创新历程,从多方面剖析中国共产党理论创新中蕴含的中华优秀传统文化基因。

一、中国共产党全心全意为人民服务宗旨的传统文化基因

中国共产党的宗旨是全心全意为人民服务,这个根本宗旨的形成大致经历了四个历程:中国共产党第一代中央领导集体的为人民服务的思想;

中国共产党第二代中央领导集体通过改革开放,让中国开始富了起来;中国共产党第三代中央领导集体从党的性质出发,提出中国共产党始终代表人民的利益;中国共产党第四代中央领导集体从人民本身出发,提出了"以人为本"的思想。进入新时代,以习近平同志为核心的党的新一代中央领导集体在十九大报告中提出:"不忘初心,方得始终。中国共产党人的初心和使命,就是为中国人民谋幸福,为中华民族谋复兴。"[1]同时还提出人类命运共同体思想,把中国人民的幸福与世界人民的幸福紧密联系,丰富了"人民"的含义。

中国共产党为人民服务的宗旨显然有着马克思关于人的本质思想的理论来源,然而马克思的思想学说毕竟是在对西方资本主义社会剖析下产生的,中国共产党理论创新过程仍要结合中国国情以及实际情况,中国共产党为人民服务的宗旨更多来源于中国的传统文化,"全心全意为人民服务"的宗旨植根于中华优秀传统文化。《尚书·五子之歌》就提出:"民惟邦本,本固邦宁。"即以百姓为国家的根本,根本稳固了,国家就安宁了。到了春秋战国的儒家经典中,孔子认为能够给百姓带来福祉、得到人民的信任的人,就是仁君仁臣。在《论语》中,弟子子贡曾经问老师足食、足兵和民信三者的关系:"子贡问政。子曰:'足食,足兵,民信之矣。'子贡曰:'必不得已而去,于斯三者何先?'曰:'去兵。'子贡曰:'必不得已而去,于斯二者何先?'曰:'去食。自古皆有死,民无信不立。'"可见,孔子认为民信(得到人民信任)最重要。那么,怎么样才能取得民信呢?当然是以人民的利益为中心,全心全意为人民服务。孟子认为:"民为贵,社稷次之,君为轻。"在孟子的思想中,老百姓是放在第一位的,其次是社稷,国君为最其次的。荀子认为君民关系为:"水能载舟,亦能覆舟。"水为民,舟为君,要以仁德为政,否则人民必会推翻君王统治。儒家的"以民为本"的思想对中国共产党产生了深刻影响,可见中国共产党全心全意为人民服务的宗旨继承和发展了儒家"人民至上"的思想。

---

[1] 习近平:《习近平谈治国理政(第三卷)》,外文出版社2020年版,第1页。

二、中国共产党实践标准的传统文化基因

1978年5月11日,《光明日报》发表《实践是检验真理的唯一标准》一文,引发了一场关于真理标准的大讨论,文章提出,检验真理的标准只能是社会实践。理论与实践的统一是马克思主义的一个基本原则,任何理论都要不断地接受实践的检验,可以说这是对马克思主义思想的继承与发展。1845年,马克思就提出:"人的思维是否具有客观的真理性,这并不是一个理论的问题,而是一个实践的问题。人应该在实践中证明自己思维的真理性,即自己思维的现实性和力量,亦即自己思维的此岸性。关于离开实践的思维是否具有现实性的争论,是一个纯粹经院哲学的问题。"①这就非常清楚地告诉我们:一个理论是否正确反映了客观实际,是不是真理,只能靠社会实践来检验。这是马克思主义认识论的一个基本原理。马克思主义之所以被承认为真理,正是千百万群众长期实践证实的结果。"马克思列宁主义之所以被称为真理,也不但在于马克思、恩格斯、列宁、斯大林等人科学地构成这些学说的时候,而且在于为尔后革命的阶级斗争和民族斗争的实践所证实的时候。"②

同样,我们也要看到中国共产党实践标准这一理论创新的中华优秀传统文化基因。中国共产党实践标准原则植根于中国传统哲学的知行观。知行观属于中国哲学的认识论范畴,孔子曰:"生而知之者,上也;学而知之者,次也;困而学之,又其次也;困而不学,民斯为下矣。"谈到认识和学习这个问题时,孔子将获得知识的方式分成三个不同的层次,即"生而知之""学而知之""困而学之",这三个层次是按由高到低、由难到易的顺序排列的。孔子认为"生而知之"指的是生下来什么都知道的人,这是天才;"学而知之"指的是通过学习获得知识;"困而学之"指的是遇到了困难疑惑之后再通过学习获得知识。孔子又说:"我非生而知之者,好古,敏以求之者也。"他认为只有孜孜不倦地学习与研究的人,才会懂得那么多的道理。老子也

---

① 《马克思恩格斯文集(第一卷)》,人民出版社2009年版,第500页。
② 《毛泽东选集(第一卷)》,人民出版社1991年版,第292—293页。

特别强调了"为学"和"为道",区分了感性经验层面的"行"与思维层面的"知"。荀子强调既要注重感性认识,又要肯定思维的能动作用,对先秦哲学的知行观进行了概括总结,这就是"知行合一"观念的雏形。后来知行观成为宋明理学的重要内容。宋代朱熹强调"知"在先,实践层面的"行"在后;明代王阳明则反对朱熹的"知先行后"的观点,提出"知行合一"的观点。王阳明重点强调了实践即"行"的重要性,提倡行动力和实践力,这是他与朱熹最大的区别。中国传统文化中的知行观反映了真理与实践的认识论,中国共产党坚持实践是检验真理的唯一标准这一原则与中国传统的知行合一观念一脉相承。

三、社会主义核心价值观的传统文化基因

核心价值观是一个民族赖以维系的精神纽带,是一个民族的精神家园。社会主义核心价值观是当代中华民族的精神凝练,是全体中国人民共同的价值追求。"从时代发展的角度来看,社会主义核心价值观是我们党团结带领人民在开创中国特色社会主义的伟大实践中形成的,是中国特色社会主义的价值表达。从历史角度来看,社会主义核心价值观与中华优秀传统文化有着不可分割的内在关联。源远流长、博大精深的中华优秀传统文化,积淀着中华民族最深层的精神追求,包含着中华民族最根本的精神基因,是社会主义核心价值观的深厚源泉。"① 可以这样说,社会主义核心价值观来源于中华优秀传统文化。历史和现实都表明,一个国家、一个民族如果不珍惜自己的思想文化,丢掉了思想文化这个灵魂,这个国家、这个民族是立不起来的。抛弃传统、丢掉根本,就等于割断了自己的精神命脉。"中华优秀传统文化是中国人民的'精神基因',它是社会主义核心价值观的'根本''传统'和'精神命脉'。核心价值观是对中华优秀传统文化基因的'传承'。中华优秀传统文化基因具有跨越时空、超越国度的永恒魅力和当代价值。十九大报告指出,要'深入挖掘中华优秀传统文化蕴含的思想

---

① 黎昕:《用中华优秀传统文化滋养社会主义核心价值观》,《光明日报》2018年7月12日。

观念、人文精神、道德规范'。因此,用'文化基因'理论对中华优秀传统文化进行系统剖析,探究中华优秀传统文化基因与社会主义核心价值观之间的辩证关系,从历史与现实、传统与未来、基因与环境等多个维度,为核心价值观的现代化生长提供历史智慧和文化滋养具有重要的价值和意义。"① 社会主义核心价值观24个字为"富强、民主、文明、和谐,自由、平等、公正、法治,爱国、敬业、诚信、友善"。这里面既有国家的现代化建设目标,又有对美好社会的向往,而"爱国、敬业、诚信、友善"则是公民基本的道德规范。

社会主义核心价值观的提出是对中华传统优秀文化的继承与发展。社会主义核心价值观涉及国家、社会、公民三个层面的价值要求,深入回答了要建设什么样的国家、建设什么样的社会、培育什么样的公民的重大问题。其中,"富强、民主、文明、和谐"是国家层面的价值目标;"自由、平等、公正、法治"是社会层面的价值取向;"爱国、敬业、诚信、友善"是公民个人层面的价值准则。传统儒家经典《大学》的开篇就将明确了其经典总纲:三纲八目。所谓三纲,是指明明德、新民、止于至善。它既是《大学》的纲领旨趣,也是儒学"垂世立教"的目标所在。所谓八目,是指格物、致知、诚意、正心、修身、齐家、治国、平天下。它既是为达到三纲而设计的内容,也是儒学为我们所展示的人生进修阶梯。这里的阶梯实际上包括"内修"和"外治"两大方面:"格物、致知,诚意、正心"是"内修";"齐家、治国、平天下"是"外治";而其中间的"修身"一环,则是联结"内修"和"外治"两方面的枢纽,它与前面的"内修"连在一起,是"独善其身";它与后面的"外治"连在一起,是"兼济天下"。两千多年来,一代又一代中国知识分子"穷则独善其身,达则兼济天下"。传统儒家中的八目:格物、致知、诚意、正心、修身、齐家、治国、平天下的责任伦理,强调了个人、社会以及国家的命运三者息息相关的伦理责任关系。格物、致知、诚意、正心和修身是个人层面的要求,齐家是社会层面的要求,而治国、平天下则是国家层面的要求。

综上,社会主义核心价值观有着中华优秀传统文化的基因。社会主

---

① 南大伟:《新时代社会主义核心价值观的传统文化基因传承和发展研究》,郑州大学出版社2019年版,"内容简介"。

核心价值观的提出有着对历史的承继和时代发展的要求。

中华民族有着五千年的优秀传统文化的积淀,新时代中国社会的发展乃至中华民族的复兴腾飞需要我们建立文化自信心和理论自信心,而中华优秀传统文化是培育文化自信和理论自信的深厚土壤,中国共产党全心全意为人民服务的宗旨、人民至上的理念和中国共产党的实践标准以及社会主义核心价值观的构建都植根于中华优秀传统文化并从中汲取营养。"中华优秀传统文化已经成为中华民族最基本的文化基因,潜移默化影响着中国人的思想方式和行为方式,决定了中国独特的历史传统、文化积淀、基本国情。社会主义核心价值观只有植根于中华优秀传统文化的土壤中,才能被人们普遍理解和接受,才能为人们自觉遵守和奉行,成为中国人民的价值追求和行为规范。"①

改革开放40多年来,中国社会经济高速发展,早在改革开放之初,中国共产党就提出了"物质文明和精神文明建设两手抓,两手都要硬"。2016年,构建社会主义核心价值观的提出,本质上要以中华优秀传统文化为根基,构建中华民族的精神家园。这是文化自信、理论自信的来源。

---

① 南大伟:《新时代社会主义核心价值观的传统文化基因传承和发展研究》,郑州大学出版社2019年版,"内容简介"。

中华优秀传统文化的创造性转化与创新性发展探析

徐 锐

【摘要】 作为国之灵魂的文化要受到政治、经济、社会等多方面的影响,要构建中国特色社会主义先进文化,就必须从中华优秀传统文化切入,使之进行创造性转化和创新性发展。

【关键词】 传统文化;创造性转化;创新性发展

改革开放40多年来,中国这辆高速列车在调整的过程中快速前进,取得了不俗的成绩,中国的快速发展让世界为之瞩目,但是在发展中也存在一定的问题,即文化大发展的问题。中国在文化方面与西方的交流处于"逆差"状态。同时,中国文化的大发展成为中国提升国际影响力的重要因素。

作为国之灵魂的文化,受到政治、经济、社会等多方面的影响。要建设中国特色社会主义先进文化,就必须要结合当下中国的政治、经济、生态等因素,如此才能全面地进行传统文化的创造性转化和创新性发展。对于文化的"双创"发展,这是实现中华民族伟大复兴中国梦的必经之路。

2013年12月30日,习近平总书记在十八届中央政治局第十二次集体学习时第一次提出"实现中华传统美德的创造性转化、创新性发展"概念,之后又在多次讲话中将此观点进一步表述为"实现传统文化的创造性转化、创新性发展"。十九大报告指出:"要坚持为人民服务、为社会主义服务,坚持百花齐放、百家争鸣,坚持创造性转化、创新性发展,不断铸就中华文化新辉煌。"这些对文化的要求及阐释为我们正确看待传统文化与当下形势的关系指明了方向。学术界对传统文化的"双创"进行了深入研究与阐发,为我们加深理解和把握这一思想提供了启发性的思考和有价值的论述。在这里,首先需要理解两个关键性概念:"创造性转化"与"创新性发展"。

一、优秀传统文化创造性转化和创新性发展的内涵

西方现代解释学认为现代人与古人无法逾越时空的界限,无论时代如何发展,现代人的思维体系无法与古人相一致,因而也就无法彻底搞清楚传统文化。反之亦然,用古人的思维体系也无法理解现代人的思想观念。所以西方人认为没有必要弄清传统文化,但可以对传统文化进行再创造,即创造性转化。

"创造性转化",即按照时代特点和要求,对那些至今仍有借鉴价值的内涵和陈旧的表现形式加以改造,赋予其新的时代内涵和现代表达形式,激活其生命力。

有学者根据知识结构和研究成果,对"创造性转化"作了独特阐释。如黄钊以"创造性"和"转化"为切入点对传统概念进行改造,且这种改造要同与其原本含义不相悖逆。朱贻庭认为,创造性转化与优秀传统文化中的"古今通理"存在必然的逻辑关系,前者是对后者的价值再创造,并使之成为体现时代精神的现代价值。综上,对中国传统文化的"创造性转化"是建立在中华优秀历史传统基点上的,一方面对其进行过滤筛检与扬弃,另一方面又充分与时代精髓相融合进行改造与发展,在坚持本国特色基础上增添全球化的特性,使其符合现代化的发展要求。

一般对于"创新性发展"的概念界定,是以时代的发展为逻辑起点的,不断赋予中华优秀传统文化以新的时代内涵,以内容促发展,以形式求完善,从而增强其在国内外的影响力和感召力。学者包晓光认为"创新性发展"具有

前瞻性和开放性,更需要对外来文化兼收并蓄、以为己用。在本质上,"创新性发展"之于中华优秀传统文化而言,能获得前所未有的成果。如果说"创造性转化"偏向于对传统文化的内涵进行发展与重新阐释,那么"创新性发展"则偏向于借用现代手段对文化的表达形式进行发展。文化的发展壮大是多方面的,不仅仅是对传统文化的内涵进行阐释,还要用传播媒介来扩大优秀传统文化的号召力与影响力,以达到文化认同与文化自信的目的。

传统文化的"双创"的提出表明,随着时代的变迁,文化也要发展,才能适应于新时代的发展要求。随着时代的发展,文化的发展除了固守本源之外,还要与时代的特性与要求相融合,在这条发展脉络中我们才能对传统文化进行传承、转化与改造。而这种对传统文化的传承、转化和改造就需要创造性和创新性,既不是守成不变,也不是扬今抑古。

在学界,"创造性转化"与"创新性发展"之间的逻辑关系成为学者关注的焦点。不同学者的看法不同,大体有三类观点:第一类观点认为,"创造性转化"与"创新性发展"分属问题的两端,两者之间没有必然联系。第二类观点认为"双创"之间存在必然逻辑关系,如安丽梅认为前者是后者的前提和基础,后者是前者的飞跃;黄前程提出,"双创"之间的定位应是上下级关系,后者是前者的一种发展方式,两者既有区别又有内在联系。第三类观点认为"创造性转化"与"创新性发展"服务的对象分属当下和长远。笔者认为,单从字面来看,"创造性转化"与"创新性发展"的侧重点不同,分别以"创造"和"创新"为中心,"创造性转化"主要体现在主题、技巧、方法、形式、载体等方面的前所未有和与众不同,而"创新性发展"在文化上是指一种新的形态或样式。先有优秀传统文化的创造性转化,创新性发展才具有前提条件,因为创新性发展不是凭空而造,而是在传承的基础上的发展。只有这样才能创造出属于新时代的崭新文化,才是"坚守中华文化立场"。

二、中华优秀传统文化创造性转化和创新性发展的逻辑必然性

当下,学界对于中华优秀传统文化的创造性转化与创新性发展的逻辑必然关系的研究在不断深化。

（一）中华优秀传统文化创造性转化和创新性发展的必然性

中华优秀传统文化始终保持着"苟日新,日日新,又日新"的内在要求和内生动力,经历了多种阶段的转化与发展,在转化与发展过程中主动适应时代发展的特性和要求。近代,率先完成现代化的西方国家,不仅用坚船利炮轰开中国的大门,显示出优越的军事实力,打压了国人在历史上从未有过的文化挫败感。由此,不少仁人志士提出很多方案并付诸实践,力图对中华传统文化进行转化,如中体西用、洋为中用等。换言之,正是有了前期这些艰苦卓绝的文化积累,才能推动中华优秀传统文化的转化与发展。

新中国成立以来,传统文化随着形势的变化面临机遇与挑战。要使传统文化跟上时代的步伐,必须要对其进行创造性转化和创新性发展。我们需要从理论上解答如何使传统文化适应市场经济尤其是社会主义市场经济这个现实问题。

（二）中华优秀传统文化创造性转化和创新性发展的可能性

第一,从历史与现实、理论和实践的结合来看,传统具有主体性和群体性、连续性和阶段性、继承性和创新性,这就意味着继承是创新的基础和前提,并最终指向创新。因此,在继承中创新、在创新中继承不仅是传统文化的内在规定性,也是传统文化"双创"实践的稳定内核。

第二,传统文化具有创新性、开放性、包容性等特点。文明是属于全人类的,从这个角度来说,如果说经济全球化为传统文化的"双创"提供了外部条件,那么中华优秀传统文化本身所具有的开放性、包容性和创新性则为"双创"提供了现实条件。

第三,从外部环境看,当前我国面临严峻的国际形势,倒逼传统文化实现创造性转化。学者鞠忠美认为传统文化的创造性转化是指在国际、国内发挥中华优秀传统文化的当代价值并提高国家文化软实力。

三、推进传统文化创造性转化与创新性发展的途径

（一）以马克思主义为指导

要构建中国特色社会主义先进文化,就必须从中华优秀传统文化抓

起,只有使之进行创造性转化和创新性发展,才能符合时代的要求。我国传统文化发端于古代奴隶社会,成长于封建社会,在漫长的农业经济时代,虽有所发展,但没有根本性的创新。我们要建构中国特色社会主义先进文化,中华优秀传统文化就必须要与新的时代相适应,与社会主义制度相适应。弘扬中华优秀传统文化,实践"双创",就必须要坚持马克思主义,即以马克思主义世界观与方法论来认识和对待我国优秀传统文化。在对传统文化进行深入挖掘与现代阐释的过程中,要牢记马克思主义在意识形态领域的主导地位,从而更好地为中国特色社会主义的伟大事业服务。这是实现传统文化"双创"的基础。对于马克思主义与中华优秀传统文化,我们要妥善、谨慎地把握两者之间的关系。按照学者陈先达的观点:两者不能相互取代,否则中国特色社会主义将会失去其原有的味道。

(二)对传统文化的价值进行甄别

作为时代的产物,文化总是带有其所属时代的烙印。因此,要进行传统文化的"双创"实践,首先要对传统文化进行有效甄别,做到"取其精华,去其糟粕"。在这方面,毛泽东曾明确提出过对于传统文化"决不能无批判地兼收并蓄。必须将古代封建统治阶级的一切腐朽的东西和古代优秀的人民文化即多少带有民主性和革命性的东西区别开来"①。在深挖和整理传统文化的过程中,要将不符合现代社会的理念排除出去,如封建王权制下的君为臣纲、父为子纲、夫为妻纲等在今天看来已经格格不入,我们要按照"去粗存精,去伪存真"的标准,结合新的时代要求,赋予其新的解读方法。

(三)对传统文化进行现代诠释

对于传统文化的"双创"实践,一个重要的任务是做好现代诠释,如古人提出的"厚德载物""和而不同""天人合一""修身慎独""知行合一"等传统观念和思想理念如何结合新的时代要求,产生新的解读,而这个赋予新内涵的过程就是创造性转化的过程,把传统文化的精华与时代相结合,赋

---

① 《毛泽东选集(第二卷)》,人民出版社1991年版,第707—708页。

予新生命、新含义,使传统文化在新时代焕发光彩,这是我们的使命。具体来说,就是要在深入系统地梳理、挖掘传统文化的基础上,赋予传统文化新的时代内涵。如"实事求是""爱国爱民""敬业尽责""天下为公"等词语如今所具有的含义已丰富了很多。

(四)立足中国特色社会主义实践

理论来源于实践,同理,理论的转化与发展也是随着发展变化的社会实践而完成的。所以中华优秀传统文化的"双创"实践,必须立足于中国特色社会主义实践,即立足于改革开放和社会主义现代化建设的实践,使之与当代社会相适应,与中国特色社会主义政治、经济、先进文化等相适应。要使中华优秀传统文化转化为当代中国人能理解和接受的一种文化,重要的是使文化扎根于社会生活,融化在日常生活之中,真正做到内化于心、外化于行。至于如何将传统文化大众化,习近平总书记指出:"对中国人民和中华民族的优秀文化和光荣历史,要加大正面宣传力度,通过学校教育、理论研究、历史研究、影视作品、文学作品等多种方式,加强爱国主义、集体主义、社会主义教育,引导我国人民树立和坚持正确的历史观、民族观、国家观、文化观,增强做中国人的骨气和底气。"[①]

学校是我们弘扬传统文化的主阵地,各个学校可根据自身情况来开设与传统文化相关的课程,如古代诗歌、音乐、艺术等。在课堂教学之外还要利用大众传媒和现代传播技术,开展丰富多彩的与传统文化相关的文艺活动等,提高学生对传统文化的认知度和认同感,培养学生的文化自信和文化自觉,使传统文化以更直观、更微观的方式渗透到现代生活中,以此来推动传统文化的"双创"实践。

(五)与世界交流、融合

在全球化趋势下,我国的文化传承就不能闭门造车、自我封闭,要发掘中华优秀传统文化的世界意义,就要面向世界、走向未来,与全球化对接,相互交流、融合、吸收与渗透。这方面我们最成功的范例即是我国在建设社会主义的伟大征程中结合国外优秀文化成果,建立具有中国特色的社会

---

① 《习近平在中共中央政治局第十二次集体学习时的讲话》,《人民日报》2014年1月1日。

主义市场经济体制,又在这一过程中不断与西方文化融合,与世界市场接轨,并以开放、竞争的观念破除了传统文化中故步自封的因素,形成了中国特色的文化。又如在马克思主义与中华优秀传统文化相互融合、相互影响的过程中,中华优秀传统文化就在进行创造性转化和创新性发展,在当代形成了社会主义核心价值体系。

学生篇

"四史"融入高校思想政治理论课的内在逻辑研究

梁哲锦　张森年

【摘要】 "四史"融入高校思想政治理论课是帮助大学生树立正确的世界观、人生观、价值观，激发他们的责任感和使命感的重要途径。"四史"融入思政课，不能简单地将哪一史对应哪一门课；或是在现有思政课课程体系之外，再增加"四史"选修课；或是肢解"四史"的内容，然后再有选择性地黏附到现有的思政课课程中。这些做法，从本质上来说等于变相地将"四史"与现有的思政课割裂开来。

【关键词】 "四史"；高校思政课；内在逻辑

在习近平总书记提出重点学习党的创新理论要同学习马克思主义基本原理贯通起来，要同学习党史、新中国史、改革开放史、社会主义发展史结合起来以后，教育部等八部门于2020年4月联合印发了《关于加快构建高校思想政治工作体系的意见》，明确要求将"四史"教育更加全面、具体地融入高校思想政治理论课。

将"四史"融入高校思想政治理论课应该说是抓住了思政教育内容的根本。"四史"从根本上来说，是精神宝藏，是对大学生进行思政教育的宝贵资源。如何将"四史"完美地融入思政课之中，这需要广大思政教育工作者认真探索。

一、"四史"是中国共产党人和无数先烈为了拯救民族危亡而抛头颅、洒热血的英雄史,是中国共产党带领中国人民为了民族复兴而自力更生、艰苦奋斗的斗争史

我们党带领人民经历了无数艰难险阻,克服了重重困难,应对和战胜了十分严峻的挑战和考验。我们党经历了大革命的失败,经过艰苦卓绝的斗争,开创了土地革命战争的全新局面,迎来了土地革命战争的高潮。我们党经历了长征的考验。由于王明"左"倾教条主义错误的危害,中央根据地红军第五次反"围剿"失败,被迫实行战略转移,最终取得了长征的胜利。在和平解决"西安事变"后,我们党建立了抗日民族统一战线,赢得了全民族抗战最后的胜利。新中国成立前后,有人认为:"共产党在军事上得了满分,在政治上是八十分,在经济上恐怕要得零分。"毛泽东同志在党的七届二中全会上提出:"我们不但善于破坏一个旧世界,我们还将善于建设一个新世界。"①

新中国成立之初,国内外形势严峻,面对国内经济困局和外部军事威胁,党领导人民肃清反革命残余力量,作出抗美援朝的决策,战胜帝国主义的封锁、破坏和武装挑衅,巩固了新生的人民政权。我们党确立社会主义基本制度,进行大规模社会主义建设,逐步建立起独立的、比较完整的工业体系和国民经济体系,在建设新国家、新社会、新制度方面取得了伟大胜利。党的十一届三中全会胜利召开以后,党领导和团结人民进行改革开放这场新的伟大革命,极大地激发了广大人民群众的创造性,极大地解放和发展了社会生产力,极大地增强了社会发展活力,人民生活显著改善,综合国力显著增强,国际地位显著提高,中华民族充满自信地走向世界舞台中央。党的十八大以来,我们进入了社会主义新时代。

---

① 《毛泽东选集(第四卷)》,人民出版社1991年版,第1439页。

二、"四史"是中国共产党人将马克思主义基本原理与中国具体实践相结合,不断寻找中国革命、建设道路的探索史

党的十九大报告指出:"不忘初心,方得始终。中国共产党人的初心和使命,就是为中国人民谋幸福,为中华民族谋复兴。这个初心和使命是激励中国共产党人不断前进的根本动力。"中国共产党人初心不改,矢志不渝,不断探索革命成功之路、民族复兴之路。

面对帝国主义、封建主义和官僚资本主义三座大山的压迫,以毛泽东为代表的中国共产党人,苦苦寻求"移山"之策。

毛泽东把马列主义原理和十月革命经验与中国实际相结合,创造性地提出了"工农武装割据"、以农村包围城市逐步夺取政权的理论。

1949 年,中国新民主主义革命在全国取得胜利时,毛泽东在《论人民民主专政》一文中进而指出:"总结我们的经验,集中到一点,就是工人阶级(经过共产党)领导的以工农联盟为基础的人民民主专政。"①俄国十月革命是工人阶级领导的以工农联盟为基础的城市武装起义,中国则采取工农武装割据、农村包围城市的方式建立了人民民主专政国家。这是既继承了十月革命传统,又开拓创新了十月革命经验的道路。

新中国成立以后,中国共产党人开始了"富国"的探索。1982 年 9 月 1 日,邓小平在党的十二大开幕词中深刻指出:"我们的现代化建设,必须从中国的实际出发。无论是革命还是建设,都要注意学习和借鉴外国经验。但是,照抄照搬别国经验、别国模式,从来不能得到成功。这方面我们有过不少教训。把马克思主义的普遍真理同我国的具体实际结合起来,走自己的道路,建设有中国特色的社会主义,这就是我们总结长期历史经验得出的基本结论。"②

1987 年,党的十三大总结了改革开放九年以来的实践经验,指出中国将长时间处于社会主义初级阶段,在社会主义初级阶段建设有中国特色社

---

① 《毛泽东选集(第四卷)》,人民出版社 1991 年版,第 1480 页。
② 《邓小平文选(第三卷)》,人民出版社 1993 年版,第 2—3 页。

会主义的基本路线是：领导和团结全国各族人民，以经济建设为中心，坚持四项基本原则，坚持改革开放，自力更生，艰苦创业，为把我国建设成为富强、民主、文明的社会主义现代化国家而奋斗。

此后，中国共产党人不断对党的执政规律、社会主义建设规律、人类社会发展规律进行探索，并不断深化认识，这些认识成果集中体现在邓小平理论、"三个代表"重要思想、科学发展观中。

党的十八大以来，以习近平同志为核心的党中央以巨大的政治勇气和强烈的责任担当，进行伟大斗争、建设伟大工程、推进伟大事业、实现伟大梦想，取得了全方位、开创性成就，实现了深层次、根本性变革，推动中国特色社会主义进入新时代。党的十九大围绕新时代实现中华民族伟大复兴的历史使命，对新时代推进我国社会主义现代化建设作出新的顶层设计。社会主义现代化国家两步走战略安排，完整勾勒了我国社会主义现代化建设的时间表、路线图，且与中华民族从站起来、富起来到强起来的历史逻辑高度契合，具有重大的发展意义、历史意义、理论意义和世界意义。

三、"四史"是中国共产党人探索真理、发现真理，不断实现马克思主义中国化并取得丰硕理论成果的创新史

中国共产党成立100年来，始终坚持将马克思主义与中国革命实际相结合，与时俱进、开拓创新，取得了丰硕的理论创新成果。

(一)毛泽东思想：马克思主义中国化的第一个重大理论成果

以毛泽东为主要代表的中国共产党人，根据马克思列宁主义的基本原理，对中国革命和建设实践中的一系列独创性经验作了理论概括，形成了适合中国国情的科学的指导思想——毛泽东思想。毛泽东思想是中国革命和建设的科学指南。土地革命战争时期，毛泽东先后发表了《〈共产党人〉发刊词》《中国革命和中国共产党》《新民主主义论》等重要论著，成功开辟了一条农村包围城市、武装夺取政权的革命新道路，标志着毛泽东思想开始形成。后来，在毛泽东思想指导下，中国共产党领导全国人民找到了

一条新民主主义革命的正确道路,推翻了帝国主义、封建主义和官僚资本主义,建立了中华人民共和国,实现了中国历史上最深刻最伟大的社会变革。以毛泽东为代表的中国共产党人,对经济、政治、文化、国防、外交等方面形成了一系列重要观点,为社会主义现代化建设奠定了重要的理论基础。作为集体智慧的结晶,毛泽东思想凝聚着中国共产党人的聪明才智,是中国共产党和人民群众进行伟大革命和建设实践的经验总结,是扎根于中国大地的马克思主义。

(二)中国特色社会主义理论体系:改革开放以来中国共产党理论创新的伟大成果

中国特色社会主义理论体系是改革开放以来关于中国建设和发展理论的总概括,是对马克思主义的重大理论创新。

面对"和平与发展"这一新的时代主题,邓小平在党的十二大开幕词中首次向全党和全国人民提出了"走自己的道路,建设有中国特色社会主义"的伟大任务,实现了党和国家工作重心的战略转移,开辟了改革开放和中国特色社会主义的新道路。第一次比较系统地回答了在中国这样一个经济文化比较落后的国家如何建设社会主义、如何巩固和发展社会主义等一系列基本问题,确立了中国特色社会主义理论体系的基本框架。面对21世纪当代世界的新变化和当代中国的新发展,在坚持邓小平理论的基础上,以江泽民同志为核心的党中央领导集体,提出了"三个代表"重要思想,深刻阐述了发展对于共产党执政的意义,创造性地提出和回答了"建设什么样的党"以及"怎样建设党"的问题,大大拓宽了中国特色社会主义的理论视野和发展道路,成为全党引领人民继续推进中国特色社会主义伟大事业的指导思想。以胡锦涛同志为总书记的党中央提出的以人为本、全面协调可持续发展的科学发展观,是中国特色社会主义理论体系的最新成果。科学发展观是中国共产党紧密结合我国改革开放和社会主义现代化建设的新实际,紧密结合新的时代条件,立足社会主义初级阶段的基本国情,总结我国发展的实践,借鉴国内外发展的经验,适应新的发展要求而提出来的。对"要不要发展""什么是发展""发展为了谁""怎样才能发展"这四个关系中国发展的重大问题作出了既符合马克思主义基本原理,又有鲜明时代特色的回答,是发展中国特色社会主义必须坚持和贯彻的重大战略思想。

(三)习近平新时代中国特色社会主义思想:十八大以来我们党理论创新成果的最新概括和表述

党的十八大以来,国内外形势变化和我国各项事业发展都给我们提出了一个重大时代课题,这就是必须从理论和实践结合上系统回答新时代坚持和发展什么样的中国特色社会主义、怎样坚持和发展中国特色社会主义,以利于更好坚持和发展中国特色社会主义。

围绕这个重大时代课题,我们党坚持以马克思列宁主义、毛泽东思想、邓小平理论、"三个代表"重要思想、科学发展观为指导,坚持解放思想、实事求是、与时俱进、求真务实,坚持辩证唯物主义和历史唯物主义,紧密结合新的时代条件和实践要求,以全新的视野深化对共产党执政规律、社会主义建设规律、人类社会发展规律的认识,进行艰辛理论探索,取得重大理论创新成果,形成了习近平新时代中国特色社会主义思想。

习近平新时代中国特色社会主义思想从世界观和方法论的高度,系统全面地回答了中国特色社会主义进入新时代后,中国共产党的"新目标""新使命",既有理论高度,更具实践价值,将指导我们更好坚持和发展中国特色社会主义。

习近平新时代中国特色社会主义思想,是对党的十八大以来我们党理论创新成果的最新概括和表述,系统回答新时代坚持和发展什么样的中国特色社会主义、怎样坚持和发展中国特色社会主义等重大问题。这是全党全国各族人民为实现中华民族伟大复兴而奋斗的行动指南。

四、"四史"是中国共产党人崇高的爱国主义和英雄主义精神、高尚的道德品格和道德风范的形成和展示史

中国共产党在领导中国人民进行革命、建设、改革过程中,形成了许多弥足珍贵的精神瑰宝。这些精神瑰宝既是独特的中国革命精神,同时也成了中华民族精神的重要组成部分。如:"坚定信念、艰苦奋斗、实事求

是、敢闯新路、依靠群众、勇于胜利"的井冈山精神;"坚定信念、求真务实、一心为民、清正廉洁、艰苦奋斗、争创一流、无私奉献"等为主要内涵的苏区精神;等等。

在中国共产党领导中国人民进行革命、建设、改革过程中,也涌现了许多可歌可泣的英雄、楷模,在他们的身上也体现出璀璨的爱国主义、英雄主义精神。同样,这些精神是我们弥足珍贵的精神财富。如:"砍头不要紧,只要主义真"的对真理的执着追求精神,"全心全意为人民服务"的共产党人的道德精神,"为国分忧、为民族争气"的爱国主义精神;"宁可少活20年,拼命也要拿下大油田"的忘我拼搏精神;"有条件要上,没有条件创造条件也要上"的艰苦奋斗精神;等等。

所有这些,既是中国共产党的宝贵财富,也是中华民族的历史瑰宝,是中国文化软实力的重要组成部分。

五、在把握"四史"实质的基础上,将"四史"学习有机融入各门思政课

习近平总书记指出:"重视历史、研究历史、借鉴历史是中华民族5 000多年文明史的一个优良传统。当代中国是历史中国的延续和发展。新时代坚持和发展中国特色社会主义,更加需要系统研究中国历史和文化,更加需要深刻把握人类发展历史规律,在对历史的深入思考中汲取智慧、走向未来。"① 将"四史"融入高校思想政治理论课是非常重要的。

高校思想政治理论课的四门课程分别是:"马克思主义基本原理""毛泽东思想和中国特色社会主义理论体系概论""中国近现代史纲要""思想道德与法治"。思想政治理论课教师对这些课程进行教学活动,其目的就是培育当代大学生的世界观、人生观和价值观。

具体来说,各门思政课的教育目标各有侧重。

"思想道德与法治"的教育目标是:通过教学引导学生树立科学的世

---

① 《习近平致中国社会科学院中国历史研究院成立的贺信》,新华网,2019年1月3日。

界观、人生观、价值观和道德观,帮助学生正确认识个人与社会的关系,树立体现时代精神和中华民族特色的社会主义价值标准和道德规范,增强抵制错误思潮和个人主义、享乐主义、拜金主义等腐败思想侵蚀的能力,为学生健康成长和自主发展奠定坚实的思想道德素质基础。

"马克思主义基本原理"的教育目标是:通过教学帮助学生系统地把握马克思主义基本原理,学会运用马克思主义的立场、观点和方法观察和分析当代社会实践中出现的新情况、新问题,树立正确的世界观、人生观和价值观,提高贯彻和执行中国特色社会主义的路线、方针、政策的自觉性。

"中国近现代史纲要"的教育目标是:通过教学帮助学生把握中国近现代史的基本线索及发展规律,了解国史、国情,树立正确的历史观,培养学生正确分析历史事件、评论历史人物的能力,帮助学生深刻领会历史和人民选择了马克思主义、选择了中国共产党、选择了社会主义道路的必然性,从而增强学生坚持中国共产党的领导和走社会主义的道路的信念,增强学生热爱中国特色社会主义的自觉性。

"毛泽东思想和中国特色社会主义理论体系概论"的教育目标是:通过教学使学生掌握和领会毛泽东思想、邓小平理论、"三个代表"重要思想、科学发展观以及习近平新时代中国特色社会主义思想的历史必然性、历史地位及对中国革命、中国社会主义建设和改革事业的指导意义;把握毛泽东思想、邓小平理论和"三个代表"重要思想以及习近平新时代中国特色社会主义思想及其科学体系,深刻理解习近平新时代中国特色社会主义思想基本内容,从理论和实践结合上把握中国化马克思主义的活的灵魂;使学生了解当代中国社会主义建设和改革的一系列重大基本问题,掌握中国化马克思主义观察世界、分析国情的思维方法,提高政治理论素养。通过本课程的学习,帮助学生坚定马克思主义信念,进一步树立正确的世界观、人生观和价值观,增强掌握和执行党的基本理论、基本路线、基本纲领、基本经验的自觉性,承担起历史使命,把学生培养成为中国特色社会主义的建设者和接班人。

"四史"融入思政课,不能简单地将哪一史对应哪一门课;或是在现有思政课课程体系之外,再增加"四史"选修课;或是肢解"四史"的内容,然后再有选择性地黏附到现有四门思政课课程中。这些做法,从本质上来说等于变相地将"四史"与现有的思政课割裂开来。"四史"融入高校思想政治理论课应该在把握"四史"实质的基础上,将"四史"学习有机融入各门思政课。

党史教育融入高校思政课教学路径探析*

魏思婕　陈　宝

【摘要】　探索党史教育融入高校思政课教学的路径,就是要深刻领会党史融入高校思政课的重要性和必要性,把握党史与思政课教材内容之间的联系,明确思政课教学目标和教学任务的要求,找准高校大学生的思想特点和认知特征,在此基础上选取有效的教学方法、教学手段,努力实现以教师为主导、以学生为主体,社会资源广泛参与的教育合力,切实推进党史教育和思政课教学的深度融合。

【关键词】　创新;思政课;党史教育;路径

2021年3月,《求是》杂志发表了习近平总书记《在党史学习教育动员大会上的讲话》,其中着重强调了新时期在全党、全国范围内广泛开展党史学习的重要意义,明确了关于开展党史学习需要着力把握的重点问题。其中,习近平总书记特别指出,要通过讲好党史故事,抓好对青少年的党史教育,以强化青少年"爱党、爱国、爱社会主义的情感,让红色基因、革命薪火

---

* 本文系2020年度高校思想政治理论课教师研究专项一般项目"虚拟实践教学:激发学生主体意识的思政课实践教学新路径"(项目编号:20JDSZK106)、2021年度上海市教育科学研究项目"虚拟实践教学:激发学生主体意识的思政课实践教学新路径"(项目编号:C2021249)的阶段性成果。

代代传承"①。开展大学生党史教育,发挥党史教育的重要作用,就要充分利用高校思想政治理论课(以下简称"思政课")这一重要渠道,发挥思政课在立德树人方面的重要作用。

一、重要性与必要性:解析高校思政课教学中为何要融入党史教育

高校是思政课教学的重要阵地,思政课是落实立德树人要求的关键课程,因此高校思政课具有特殊的地位。解析高校思政课教学中为何要融入党史教育这一问题,可以从高校思政课教学中融入党史教育的重要性和必要性两方面入手。

(一)高校思政课教学融入党史教育的重要性

将党史教育融入高校思政课教学,既充分运用了高校思政课这一重要阵地,又有利于发挥党史教育在引导青年学生"爱党爱国、明智担责、鉴今资政"方面的重要作用,有利于塑造符合新时代要求的青年。

第一,党史教育有助于加深学生爱党爱国的情怀。站在历史的维度上,我们纵观中国共产党的百年征程,其中饱含血泪和艰辛。国破家亡之时,中国共产党排除万难,团结带领中国人民创造了新民主主义革命的伟大成就;步履维艰之时,中国共产党稳扎稳打,制定了符合中国国情的基本经济制度。

第二,党史教育有助于提升学生明智担责的勇气。读史明智,知史明理。每一代人有每一代人的使命,每一代人肩负每一代人的责任。在任何一个历史阶段,青年都是社会的中坚力量,肩负着推动历史发展、实现社会变革的重要使命。从夏明翰"砍头不要紧,只要主义真"的一片丹心,到白乙化"血沃幽燕,名垂千古"的壮烈豪迈;从王有德"生命不息,治沙不止"的倔强与坚持,到叶聪"万米深渊,建功报国"的执着与信念……这些镌刻在党的历史上的故事始终激励着一代又一代的青年勇担时代重任,铭记青年使命!

---

① 习近平:《在党史学习教育动员大会上的讲话》,人民出版社2021年版,第26页。

第三,党史教育有利于培养学生鉴今资政的能力。前事不忘,后事之师,知古鉴今,以史资政。只有回顾往昔的艰难岁月,我们才知今日繁华的来之不易;只有学习历史的经验教训,我们才能够以史为鉴、开创未来。"一个民族要走在时代前列,就一刻不能没有理论思维,一刻不能没有思想指引。"① 学习党史,有助于训练学生的理性思维,培养学生的历史眼光,帮助学生牢固树立唯物史观,有利于增强学生的学习能力和实践能力。

(二) 高校思政课教学融入党史教育的必要性

之所以要将党史教育融入高校的思政课教学之中,一方面是因为党史教育具有引导教育作用,另一方面则是因为党史教育是对当代历史虚无主义的回应,可以帮助青年学生厘清当代纷繁的社会思潮。近年来,国际思想文化领域斗争愈演愈烈,一些歪曲党的历史、夸大党的失误、否定党的领导人的言论复起,这些言论的目的在于以此来否定党的领导、虚无党的历史,这类言论于一个政党乃至一个国家的发展而言十分不利,亟待用正确的观点加以引导。大力宣传推广党内丰富且鲜活的历史故事,无疑是对当代历史虚无主义的有力回应。

青年人认知发展的特殊性、思想特点的复杂性也是将党史教育融入高校思政课的必要性之一。年轻人的思维活跃、理想信念模糊、缺乏艰苦奋斗精神、认知不够成熟、对于信息的甄别能力不够,基于这些认知特征和思想特点,青年人很容易被那些激进的言论所带偏,被历史虚无主义等错误思潮所误导,从而对党制定的政策、制度产生抵触心理,对党的领导、决策产生怀疑。此外,大学生尚且处于人格发展和信仰形成的重要时期,高校将党史融入思政课可帮助学生形成良好的人格,树立对马克思主义的坚定信仰。

二、路径创新:探索高校思政课教学中如何融入党史教育

高校传统的思政课教材中其实不乏党史的相关内容,探索如何将党史

---

① 习近平:《在党史学习教育动员大会上的讲话》,人民出版社2021年版,第11页。

融入高校思政课,重点是把握党史与思政课教材内容之间的联系,明确思政课教学的目标和教学任务的要求,找准大学生的认知特征和思想特点,在此基础上选取有效的教学方法、教学手段,积极创新党史教育融入高校思政课的路径。

(一) 理论知识与历史资料相联系的内容创新

随着国内形势发展和思想政治理论教育的要求,高校思政课的设置经历了多次的调整,最终形成了"以马克思列宁主义、毛泽东思想、邓小平理论和'三个代表'重要思想为指导,立足于帮助大学生树立正确的世界观、方法论、价值观,深入开展马克思主义立场、观点、方法教育,开展党的基本理论、基本路线、基本纲领和基本经验教育"的课程方针。因此我们可以发现,在高校现有的四门思想政治教育主干课程中,都可以挖掘到涉及党史的相关内容。因此,想要实现党史教育与高校思政课的融合,就要找到教学内容上的关联性,实现内容创新。

在以往的课本中,我们通常会用理性的数字来描绘一场战役的惨烈程度,用概括性的语言来总结经验教训,但这些枯燥的"干货"却无法引起学生的共鸣。例如在"马克思主义基本原理"的课程中,可以通过介绍马克思、恩格斯的生平以及马克思主义产生的背景来帮助学生理解中国共产党"从哪里走来"的问题;在"中国近现代史纲要"和"毛泽东思想和中国特色社会主义理论体系概论"的课程中,可以通过讲述中国共产党产生的故事、中国共产党的革命斗争故事来帮助学生理解中国共产党"为什么走来"的问题;在"思想道德与法治"的课程中,可以通过史料来区分什么是真正的共产主义、历史上人们为实现共产主义做出了哪些牺牲,以此来帮助学生正确认识共产主义,树立共产主义的远大理想,并进一步帮助学生理解中国共产党将"往哪里去"的问题。

(二) 传统讲授与现代游学相结合的方法创新

在传统的思想政治理论课课堂上,教师多采用解释概念与原因、归纳结果及意义等方式向传递知识,帮助学生准确地掌握知识点。但是,党史教育还需要让学生用心感悟,从而提高政治觉悟。

现代课堂不再拘泥于传统的授课模式,游学教育在一些大城市发展起来。游学教育在一定程度上考虑到了青年的认知特征,采用情景交互的模式吸引学生的注意,有利于提升教育的成效。习近平总书记指出,革命传统资源是我们党的宝贵精神财富,每一个红色旅游景点都是一个常学常新的生动课堂,蕴含着丰富的政治智慧和道德滋养。红色景区内有珍惜的革命遗迹与大量的革命文物,学生可以通过参观游览、实地体验、人景交互等方式了解党的故事、感悟党史精神。利用红色景区的优质资源进行党史教育能够让学生在寓教于乐中接受党史,在亲身体验中实现自我提升。将传统讲授与现代游学相结合,既有利于发挥传统讲授的通俗化与直接性的特点,又有利于提升党史学习教育的感染力。

(三)文字图片与视听互动相呼应的手段创新

习近平总书记强调,在思政课改革创新的过程中,应注重创新教学手段。他指出要"推动思想政治理论课改革创新,不断增强思政课的思想性、理论性和亲和力、针对性"[①],鼓励高校"运用现代信息技术等手段建设智慧课堂"[②]。由此可以看出,实现党史教育与高校思政课的融合,还可以从教学手段上进行创新。

传统思政课的教学手段主要依赖相关教材,或者适当地辅以一些图片展示。这就导致学生对知识点的掌握比较欠缺。所以,可以借助多媒体来实现手段创新。例如在思政课堂上介绍中国共产党党员队伍的扩大时,可以借助动态曲线图或是柱状图来展示;讲述红军长征的路线时,也可以采用动图的方式来帮助学生加深记忆……此外,还可以组织学生观看红色影片或者党史短视频。2021年以来,《觉醒年代》《理想照耀中国》等影视剧一经播出便收获好评无数,该类影视剧将史料中的故事搬上银幕,为观众展现了一个个生动鲜活的党史故事。随着现代生活节奏的加快,以短小精炼为主要特征的移动短视频得到快速发展,迅速占据了人们碎片化的时间。在短视频中也会有制作精良的党史资料短视频,这些短视频多为官方团队制作,具有权威性,因此思政课堂可以将短视频作为教学素材,以此吸引学生的兴趣,提高学生的共情能力,提升教学效果。

---

① 习近平:《思政课是落实立德树人根本任务的关键课程》,人民出版社2020年版,第17页。
② 习近平:《思政课是落实立德树人根本任务的关键课程》,人民出版社2020年版,第17页。

三、将高校思政课教学与党史教育相融合需要注意的几个问题

创新高校思政课教学与党史教育的融合路径,可以更有效地发挥思政课教学的作用,更好地实现党史教育的目标,但还应努力实现以教师为主导、以学生为主体、社会资源广泛参与的教育合力。

(一)注重发挥教师的主导作用

要注重发挥教师的主导性作用,增加教师数量,提高教师素质。"办好思想政治理论课关键在教师,关键在发挥教师的积极性、主动性、创造性"[①],思政课教师起着主导作用,同样,在创新高校思政课与党史教育的融合路径时,教师更是处于关键地位。学生学到什么、学得怎么样,很大程度上要取决于教师的教授。发挥教师的主导作用,提升教师的教学质量,需要从两方面入手:一方面是要增加思政课教师的数量。作为国内高校的公共必修课,思政课几乎面向高校所有学生,尤其是在本科生的思政课堂上,规模庞大的人数往往让思政课教师倍感压力。另一方面是要提升思政课教师的素质。教育部颁布的《新时代高等学校思想政治理论课教师队伍建设规定》,其中第三章第七条就明确规定我国高校应配齐思政课教师队伍,并且要提高教师团队的整体质量,各大高校要致力于"建设专职为主、专兼结合、数量充足、素质优良的思政课教师队伍"。提升教师素质以实现思政课与党史教育相融合,首先要求思政课教师本身既要具备极高的专业素养,还要拥有丰富的党史知识。因此,要注重对思政课教师做党史业务培训,只有教师全面把握党史知识,才能有效引导学生学党史、树信念。

(二)尊重学生的主体地位

学生是学习的主体,一方面,要注意提高学生的积极性和主动性。兴趣是最好的老师,在思政课教学过程中,选择一个让学生感兴趣的教学手段或学习话题进行党史教育,吸引学生积极参与、主动思考,无疑会有事半

---

① 习近平:《思政课是落实立德树人根本任务的关键课程》,人民出版社2020年版,第10页。

功倍的教学效果。但需要注意的是,无论哪种教学手段、教学方法都要服务于教学任务,切忌主次颠倒,使创新路径成为噱头。另一方面,要关注学生的学习效果,追踪学生的学习情况,关注教育效果。例如可以以课堂讨论、专题研讨、撰写思想汇报等方式,及时获取学生学习效果的反馈。

此外,尊重学生的主体地位还应遵循教育教学规律,掌握学生学习的特点,安排好课程内容和课程时长。在进行教学方法和手段的创新时,应合理分配传统讲授模式和其他教学模式的比重、教材学习和视听学习的比重,要注意以讲授模式为主、其他模式为辅,以教材为主、视听为辅。

(三)充分利用社会资源

党史教育融入高校思政课,不但要发挥教师的主导作用,尊重学生的主体地位,还需要充分利用社会资源,形成多方协作的教育合力。这里的社会资源不仅仅局限在物,也可以是人。在中国共产党成立100周年之际,全国上下共有710多万名老党员获得了"光荣在党50年"的纪念章,他们都是共和国的建设者,各大高校可以邀请这些老党员为学生讲述他们的入党历程以及他们和党的故事。除此之外,还可以邀请党史研究专家来作专题讲座。充分利用红色资源,如红色景区和各类党史纪念馆为学生提供了极佳的党史学习机会。每一处红色景点都为我们诉说了一段刻骨铭心的党史故事,充分利用好这些红色遗迹能够推动党史学习教育深入人心。

在庆祝中国共产党成立100周年大会上,习近平总书记说:"我们要用历史映照现实、远观未来,从中国共产党的百年奋斗中看清楚过去我们为什么能够成功、弄明白未来我们怎样才能继续成功,从而在新的征程上更加坚定、更加自觉地牢记初心使命、开创美好未来。"[①]记得来时的路,方能明确归途,将党史教育融入高校思想政治理论课堂,就是要让未来中国的建设者们树立理想信念,勇担历史重任!

---

① 习近平:《在庆祝中国共产党成立100周年大会上的讲话》,人民出版社2021年版,第10页。

长征精神融入高校思想政治教育的时代价值及实践路径

张誉瞳 侯天佐

【摘要】 长征精神蕴含着丰富的理论内涵,其历史地位和现实意义不可估量。将长征精神融入高校思想政治教育,对于其精神本身来说,是最好的传承方式;对于思想政治教育工作来说,可以开阔视野、拓宽渠道,解决当下思想政治教育中的部分问题和困境;对于当代高校大学生来说,有利于培养他们的责任与担当意识。分析长征精神在高校思想政治教育方面的时代价值,探索长征精神融入其中的实践路径,充分利用红色资源,可使大学生积极投入社会主义现代化建设中,做合格的建设者与接班人。

【关键词】 长征精神;高校思想政治教育;时代价值;实践路径

"红军不怕远征难,万水千山只等闲。"工农红军历经二万五千里长征,在陕甘宁地区胜利会师,把濒临绝境的中国革命引向坦途。这一惊天动地的历史事件铸就了伟大的长征精神。长征精神是中国共产党和中华民族宝贵的红色资源和精神财富。在中国共产党带领人民进行革命、建设、改革的一系列过程中,长征精神作为强大的精神动力,推动中国共产党取得了一个又一个的胜利。在当今复杂多变的时代大背景下,我们更需要继续弘扬长征精神。将长征精神融入高校思想政治教育工作,这不仅是传承长征精神的最有效途径,更是推动高校思想政治教育创新发展的有力手段,对于培养有理想、有使命、有担当的中国青年也将发挥极其重要的引领作用。

一、长征精神的内涵分析

长征精神不仅是中国共产党人精神谱系的重要组成部分,也是我国历史长河中宝贵的精神财富。长征精神不断与时俱进,成为国家和社会发展进步的重要精神力量。长征精神可以被系统地概括为:坚持理想、坚定信念的革命精神;不怕牺牲、艰苦奋斗的奉献精神;独立自主、勇于实践的创新精神;依靠群众、患难与共的团结精神。

(一)坚持理想、坚定信念的革命精神

红军长征经过十四个省,翻越十八座大山,跨过二十四条大河,走过人烟稀少的荒野草地,翻过峭壁陡立的皑皑雪山,行程约二万五千里。在长达两年的漫漫征途中,是什么样的力量让红军战士面对陌生的地形环境以及恶劣极端的天气也毫不退缩、勇往直前?是什么样的力量让红军战士不畏险阻、不怕牺牲也走完漫漫长征路?究其根本原因,正是心中崇高的理想与始终坚定的信念。正因如此,红军战士用超乎常人的顽强意志,谱写了人类历史上可歌可泣的史诗。红军长征的胜利是中国共产党人理想的胜利,是中国共产党人信念的胜利。在湘江战役中,有一位传奇的红军师长——陈树湘,他在不幸被俘时,撕开腹部伤口,绞断肠子,壮烈牺牲,年仅29岁。这位红34师的师长,以这样悲壮的方式践行了他"为苏维埃新中国流尽最后一滴血"的誓言。死亡会夺走人的生命,但没有任何力量能够动摇中国共产党人的理想信念。理想信念一直是共产党人的精神支撑。在共产党人百年奋斗的历程中,革命先烈李大钊在面对敌人的屠刀时视死如归、坚贞不屈,就是因为他对理想信念的坚持。不论是铁人王进喜,还是县委书记的好榜样焦裕禄,他们之所以能够为党和人民的事业勤恳工作、竭尽全力,也都是因为心中怀有伟大崇高的理想与矢志不渝的信念。多少年来,一代又一代的共产党人因为坚定马克思主义和共产主义的理想信念,

心系人民、胸怀祖国,谱写着共产党历史上一个又一个壮丽篇章。坚定的理想信念是共产党人不懈奋斗的精神动力,当今大学生需要将理想信念扎根在心中,这也是引导大学生进一步成长和成才的精神支柱①。通过对长征精神的系统学习,大学生能理解和领悟中国共产党人如何在困难与挫折中坚定理想信念,能成为有理想、有担当的中国青年。

(二)不怕牺牲、艰苦奋斗的奉献精神

千难万险的长征之路不仅磨炼了红军战士,也培育出了共产党人不怕牺牲、艰苦奋斗的优良品格。长征是在极端恶劣的环境下进行的,这不仅挑战着红军战士的生理极限,也挑战着他们的心理极限。在挑战与苦难重重的长征路上,平均每走 1 公里,就有 1 名红军战士倒下,每 14 人只有 1 人到达陕北②。每个连队都会有四五个替补作为后备指挥,如果连长在战场上受伤或牺牲,就会有第一后备连长作为替补挺身而出;如果第一后备连长遭遇不幸,又会有第二后备连长,甚至第三、第四后备连长代替前者继续战斗。他们向死而生、一往无前。红军长征的胜利是无数革命战士不怕牺牲用生命换来的,而中国共产党在长征时期就已经形成的不怕牺牲、艰苦奋斗的奉献精神也一直延续至今。不怕牺牲、艰苦奋斗的奉献精神究其根本来自中国共产党的根本宗旨——为人民服务。与世界上其他一切政党都不同,中国共产党的宗旨就是要全心全意为人民服务。中国共产党之所以能够带领全国人民取得革命的胜利、建立新中国,之所以能够在社会主义建设中取得伟大的成就、实现全面小康,之所以能够实现 14 亿人口的全面脱贫、谱写新的历史,就是因为为人民服务的宗旨始终扎根在共产党人心灵的最深处。在新时代的长征路上,也有无数的共产党员倒在工作的第一线,他们用实际行动证明他们心怀着为人民服务的宗旨,更心怀着克己奉公的奉献精神。历史和实践证明,要想实现中华民族伟大复兴的中国梦,不能纸上谈兵,唯有踏实奋斗,才能实现;也唯有踏实奋斗,才会实现。青年学子作为社会主义事业的接班人,更要将奉献精神刻在心中、融进血液。长征精神所蕴含的奉献精神,是加强大学生爱国主义教育和培养奉献

---

① 杨志华:《大学生党员赓续长征精神血脉探究》,《忻州师范学院报》2021 年第 4 期。
② 赵晶:《80 年后忆长征:伟大奇迹源自信仰的力量》,《报刊荟萃》2017 年第 3 期。

精神的生动教科书。

（三）独立自主、勇于实践的创新精神

中国共产党人从革命实践的惨痛教训中意识到,中国共产党必须坚持独立自主的原则,并正确将马克思主义基本原理与中国实际相结合,解决思想、路线、方针、政策等问题。在长征途中,正是由于中国共产党发扬了独立自主的创新精神,党的军事和组织问题得以顺利解决。同时,长征路上的遵义会议就是中国共产党第一次以创新精神独立自主地运用马克思主义基本原理解决问题,从此拨正了革命航向,推动了马克思主义与中国具体实际相结合,最终挽救了中国革命①。从此,党内独立自主领导中国革命的能力不断加强和提升,也逐渐形成了勇于实践的优良传统。独立自主、勇于实践的创新精神也一直是我国社会主义现代化建设和实现中华民族伟大复兴的不竭动力。无论是指引中国人民创造美好生活的中国特色社会主义道路,还是指导党和人民实现中华民族伟大复兴的科学理论,又或者是具有鲜明制度优势的中国特色社会主义制度,都诠释着共产党人独立自主、勇于实践的创新精神。在任何历史时期,面临任何困难与挑战,都需要创新精神的指引,通俗来说,就是勇于创新、富于进取。创新不仅是一个民族进步的灵魂,一个国家兴旺发达的不竭动力,也是一个政党永葆生机的源泉。进入21世纪,国际和国内局势复杂多变,从国际上看,经济全球化和政治多极化成为趋势,人类命运早已紧密相连,新一轮科技革命正在加速进行。从国内看,改革开放已经进入深层次的阶段,随着中国特色社会主义进入新时代,我国的社会主要矛盾也发生了根本性的变化,面对许多新情况、新问题。所有这些都需要我们坚持和发扬创新精神。青年一代作为国家的希望、民族的未来,更要将创新精神扎根于心。

（四）依靠群众、患难与共的团结精神

一部红军长征史,就是一部反映军民鱼水情深的团结史。群众路线是中国共产党的根本工作路线。在长征路上红军能够在面对重重艰难考验时,战胜各种挑战最终取得胜利,有一个很重要的因素就是贯彻党的群众

---

① 卿秋军:《长征精神的本质特征及其弘扬路径》,《沈阳干部学刊》2021年第4期。

路线,和人民群众携手同行、生死相依、患难与共。在纪念红军长征胜利80周年大会上,习近平总书记强调,长征精神之一就是"紧紧依靠人民群众,同人民群众生死相依、患难与共、艰苦奋斗的精神"①。依靠群众、患难与共的团结精神是长征精神的重要组成部分。红军在长征途中始终坚持贯彻党的群众路线,积极深入内部开展广泛而又充满影响力的群众工作;紧紧依靠群众、积极宣传群众、坚持组织群众,真正做到军民一家亲。长征途中,红军战士不仅需要应对国民党及地方军阀的围追堵截,更要接受恶劣自然环境带来的挑战。尤其是过草地、爬雪山时,官兵之间、军队与群众之间同甘共苦,克服严峻挑战,创造了中国革命史上的伟大奇迹。无数体现党和人民同呼吸、共命运的故事也成为佳话,流传至今。没有紧紧依靠群众的中国共产党,没有患难与共的长征人,就没有中国革命的胜利,更没有中国的今日。中国共产党的百年史,就是一部实实在在的团结奋斗史。没有团结的共产党人和人民群众,就没有今天的幸福小康,没有团结的共产党人和人民群众,就无法实现我国14亿人口全面脱贫的伟大胜利。新时代,青年学子作为社会的中坚力量,更需要团结一致向前看。长征精神中依靠群众、患难与共的团结精神势必会对青年学子起到重要的影响。

二、长征精神融入高校思想政治教育的时代价值

党的十八大提出教育的根本任务是立德树人。长征精神内涵丰富且深刻,将长征精神融入高校思想政治教育,会产生积极的影响和重要的作用。对于高校思想政治教育来说,长征精神的融入不仅充实了思想政治教育的内容,更能提升思想政治教育的有效性。对于大学生来说,学习好长征精神,有利于增强责任意识,培养情感认同,践行初心使命,在肩负时代重任之时,成就一番事业。

(一)有利于传承长征精神等红色基因

不管是马克思主义者倡导的"爱国、进步、民主、科学"的"五四精神",

---

① 习近平:《习近平谈治国理政(第二卷)》,外文出版社2017年版,第47页。

还是长征路上"不怕艰难险恶"的长征精神,又或者是"自力更生、艰苦奋斗、勇攀科学高峰"的"两弹一星"精神,在不同的历史时期形成了内涵丰富的精神,这些鼓舞人心的精神汇成了红色基因。"红色基因"不仅仅是中国共产党人在革命建设中形成的精神内核,更是中华民族的精神纽带。当今的中华民族已经屹立于世界民族之林,是什么样的力量让中国人民从站起来到强起来?是世代传承的红色基因激励着中国共产党人不断奋进。思想政治教育就是传承红色基因的最好载体,弘扬红色精神的最有效途径。思想政治教育本身是一种政治现象,更是一种文化现象,所以它具有独特的文化功能。先进健康的文化会促进社会发展,落后腐朽的文化会阻碍社会发展。长征精神是先进的、对历史发展具有推动作用的革命文化。长征精神应该被广泛传承和弘扬。高校思想政治教育更应该主动承担好传承和弘扬长征精神的工作,在潜移默化中扩大长征精神的影响力,增强文化自信,提高文化辨别能力,使大学生自觉抵制庸俗文化造成的不良影响,使长征精神在新时代继续发光发热,发挥它的巨大价值。

(二)有利于解决高校思想政治教育种种困境

党的十九大报告指出:"要全面贯彻党的教育方针,落实立德树人根本任务,发展素质教育,推进教育公平,培养德智体美全面发展的社会主义建设者和接班人。"①这是新时代赋予思想政治教育工作的重要使命。思想政治教育工作不仅可以引导学生正确地认识世界和中国发展的走向,学会辨明方向、看清趋势,勇于接受各项挑战,同时会激励学生主动担当时代赋予的责任和历史使命,自觉将个人理想融入国家事业,将个人抱负与国家命运紧紧相连,做走在时代最前列的开拓者。大学生正处于世界观、价值观、人生观形成和确立的重要阶段,高校思想政治教育工作在人的整个发展时期就显得尤为重要,高校要把培育四有青年作为大学生思想政治教育的目标,为了贯彻落实"立德树人"的根本任务,高校必须加强大学生思想政治教育工作。但在当今开放化和多元化的信息爆炸时代,高校思想政治教育工作面临巨大挑战:一是思想政治教育作为意识形态领域的工作话

---

① 习近平:《习近平谈治国理政(第三卷)》,外文出版社 2020 年版,第 36 页。

语体系晦涩难懂。二是思想政治教育方式落后,常年的"思想灌输"工作已经不能让学生正确认识其重要性。三是当前思想政治教育工作只注重理论学习,忽视了实践的作用。教学内容不贴近生活实际,教学形式拘泥于课堂,缺乏社会实践教育。长征精神不仅有着完善的理论内涵,更包含着中国共产党历经艰难险阻进行革命斗争的生动故事,不论是长征故事还是长征精神都是大学生思想政治教育工作的最佳素材。历史是最好的教科书,也是最好的清醒剂,将长征精神融入高校思想政治教育工作,一方面可以充实思想政治教育的内容,丰富思想政治教育的内涵,拓宽思想政治教育的渠道,另一方面也有助于大学生接受主流价值观。通俗易懂、生动形象又感人至深的长征故事等红色素材,可以成为高校思想政治教育的有用材料。

(三) 有利于培养有使命有担当的中国青年

长征精神是革命先辈用生命留下的宝贵红色财富,对于中国共产党乃至整个中国来说都具有非凡的历史意义。没有中国革命的胜利,就没有崭新的中国,更没有当今的幸福生活。长征精神内涵丰富,包括不忘初心、坚持理想的革命精神;推动我国各项事业蓬勃发展的创新精神;以人民为中心、一切为了群众的奉献精神;让党和人民克服艰难险阻迎来全面小康的团结精神。这对于高校大学生来说具有非常重要的价值引领作用,能够帮助大学生在形成世界观、人生观、价值观的过程中树立正确的目标,培养乐于奉献、敢于创新、勇于奋斗的精神。一是有利于培养大学生树立坚定的理想信念。理想信念是共产党人的精神之"钙",共产党人如果没有理想信念,精神上就会"缺钙",就会得"软骨病"。对于大学生来说,没有理想就没有奋斗的目标,没有信念就没有坚定的方向。长征精神中包含的坚持理想、坚定信念的精神有助于大学生树立远大的理想。二是有利于培养大学生乐于奉献的精神。奉献是无私的,奉献是伟大的。在中国共产党不同的历史时期,有不计其数的共产党人无私奉献青春、奉献生命,为人民谋幸福、为民族谋复兴。长征精神所包含着的奉献精神能够积极引导社会朝着风清气正的方向发展。三是有利于培养大学生开拓创新的精神。创新是国家兴旺发达、民族进步的动力,大学生作为国家的未来、民族的希望,需要提高自身的创新能力。现今部分学生缺少开天辟地、敢为人先的魄力和胆量,创新能力不足,被循规蹈矩的思想束缚着。因此,要发扬好长征精神所包含的创新精神,引导学生敢于创新,努力提高创新能力,做有理想、有朝气的新时代青年。四是有利于培养大学生拼搏奋斗的精神。回看共产党百年征程,我们的党走过了无数险阻的路,无数的革命先烈前仆后继,为心中的理想不懈奋斗。长征精神作为一种红色精神,其丰富的内涵正需要当代大学生去挖掘和学习。所以,应该积极宣传长征精神,引导大学生主动关注国家和民族的命运。在长征精神的引领下,会有越来越多的大学生为推进中华民族的伟大复兴而努力奋斗,成为有使命、有担当的中国青年。

三、长征精神融入高校思想政治教育的路径

长征精神作为思想政治教育的重要资源,应该将长征精神有效地融入思想政治教育的方方面面,使其产生潜移默化的积极影响。

(一)在课堂上用长征精神激励自己

课堂是教师进行教育教学的主阵地,也是学生学习知识的最主要场所。为了弘扬好、传播好长征精神,一方面,要将长征精神融入高校思想政治理论课的教学中。思政课是对大学生进行思想政治教育的最主要渠道,思政教师应该主动深入挖掘长征背后的故事,激发学生的学习兴趣。另一方面,应该将长征精神与课程思政相融合。思政课只是高校众多课程中的一小部分,这对于传播长征精神来说远远不够,将长征精神融入各门课程,不仅可以用长征精神的内涵引领学生敢于创新、勇于奋斗,还可以传承好长征精神,使长征精神发挥作用。各科教师首先应该充分了解长征精神的历史渊源和精神内涵,都要将其融入课堂。只有广大教师政治信仰坚定、自身业务精湛,才能在课堂上讲好长征精神,帮助学生用长征精神激励自己。

(二)在校园中用长征精神营造氛围

优秀的校园文化可以对大学生产生积极的导向和激励作用。将长征精神巧妙地融入校园文化中,用长征精神营造良好的学习氛围,不仅有利

于大学生的成长成才,更有利于长征精神的弘扬。具体来说,一是学生党员要充分发挥带头作用,要加强自身素质建设,学习好长征精神,同时在校园文化活动中善于运用长征精神、积极宣扬长征精神。二是学校要积极组织与长征精神相关的主题活动。如举行"长征周""长征展"等系列活动,通过阅读红色故事、歌唱红色歌曲、观看红色电影等,让学生乐于接受红色文化的熏陶和洗礼。三是学校要将长征精神融入校园环境建设中。比如把长征精神画在墙上,让学生看在眼里,记在心里,在潜移默化中熟知长征精神,在不知不觉中践行长征精神。

(三)在互联网上用长征精神引领价值观

当今的青年一代是伴随着互联网的迅猛发展而成长起来的一代,他们在享受着互联网带来的便利与快捷的同时,也被互联网上的不良信息影响着,这些不良信息极容易侵害青年的思想,使青年难辨真假是非。大学生的世界观、价值观、人生观还没有完全定型,因此,高校思想政治教育不能忽视互联网阵地的意识形态工作。一方面,高校可以充分利用网络平台宣传长征精神,如学校官方公众号发布相关推送,不仅如此,高校还可以充分利用互联网的隐匿性与交互性的特点,增强平台与学生的良性互动,让学生参与话题讨论,积极畅所欲言,沉浸式地学习长征精神,领悟长征精神的本质和内涵。另一方面,高校也可以利用先进的互联网技术打造空中课堂,让天南海北的大学生共上一堂思政课,共同领悟长征精神的深刻内涵。

(四)在社会实践中用长征精神培育时代新人

"思想政治教育本身就具有实践性,它以人为实践对象,其出发点和归宿都是实践。"[①]离开实践,思想政治教育也会失去其存在的意义。大学生作为接过历史接力棒的主力军,必须提前适应社会的发展,认清当今社会的现状。社会实践活动有利于大学生了解自己、了解社会,进一步找准自身定位,实现人生价值。长征精神的丰富内涵对于大学生社会实践工作具有非常重要的促进作用。坚持理想、坚定信念的乐观精神指引大学生要守好心中所想,不忘初心,牢记使命。不怕牺牲、艰苦奋斗的奉献精神旨在培

---

① 郑永廷:《论思想政治教育的本质及其发展》,《教学与研究》2001年第3期。

养大学生乐于奉献、舍己为人的优良品格。独立自主、勇于实践的创新精神鼓励大学生要在社会实践中,敢闯敢做,勇于创新,用创新精神武装头脑,用创新引领社会发展。依靠群众、患难与共的团结精神则是希望大学生眼光长远,互相帮助,以团结互助为荣。高校要积极组织开展各类社会实践活动。一是要在学习生活中宣传社会实践的重要性及意义,让学生重视社会实践。二是努力为学生提供优质的社会实践平台。三是记录好学生社会实践的结果,做好报告与交流分享工作,不要让社会实践活动流于形式,成为学生的负担或任务。将长征精神融入社会实践,让大学生在社会实践中感悟长征精神,有利于大学生成为担当民族复兴重任的时代新人。

人类命运共同体理念融入高校思想政治教育的必要性

张 珺

【摘要】 人类命运共同体理念作为一种发展理念,融入高校思想政治教育,有利于发挥高校思想政治教育的主阵地作用,有利于培养大学生对人类社会发展的关注度,有利于进一步推进大学生全球视野和世界情怀的养成。作为担当民族复兴大任的时代新人,大学生要具有"人类命运共同体"理念,树立正确认识中国发展和世界发展的思维与眼光。

【关键词】 人类命运共同体;思想政治教育;时代新人

2011年,《中国的和平发展》白皮书提出:"不同制度、不同类型、不同发展阶段的国家相互依存、利益交融,形成'你中有我,我中有你'的命运共同体。"2013年3月,习近平主席在俄罗斯莫斯科国际关系学院发表演讲时,首次正式提出了"命运共同体"这一概念。之后他又在多个场合对这一理念进行了较为详细的阐释。人类命运共同体是马克思主义中国化的最新成果,是习近平新时代中国特色社会主义思想的重要组成部分。面对当下的国际冲突与冷战思维,人类命运共同体理念将"我们"与"他们"联系到一起,与他国一道共同探索一条可持续发展之路。

探索分析将人类命运共同体理念融入高校思想政治教育的必要性,有利于推进高校思想政治教育的创新发展,增强大学生在思想政治教育学习中的主体地位,指导大学生提升素养,培养责任与担当意识。

一、人类命运共同体理念的思想渊源

(一)人类命运共同体理念的中国渊源

人类命运共同体理念与中华民族优秀传统文化中的"天下观""整体观""和合观"不谋而合。古代中国的天下观不同于西方的世界主义。古代中国的天下观演绎出的智慧和天下情怀或许是解决当前许多世界性和区域性问题的有效药。《易经·系辞》提出"圣人有以见天下之动,而观其会通,以行其典礼",这是一种从整体统一的角度来观察事物的思想方法。《庄子·天下》中有"泛爱万物,天地一体也"的说法。和合观尤其受到习近平总书记的重视,他认为中国传统的和合思想,蕴涵着天人合一的宇宙观、协和万邦的国际观、和而不同的社会观、人心和善的道德观。这种贵和尚中、善解能容、厚德载物、和而不同的宽容品格,是我们民族所追求的一种文化理念[1]。这正是人类命运共同体理念中所蕴含的人类和谐共存思想,人是生活在社会中的人,是一切社会关系的总和。人类命运共同体理念便是旨在建立这样一个共同体,通过与他人、与社会的交往来达成更丰富的社会关系,进行自由自觉的实践活动。天下为公,和而不同。

(二)人类命运共同体理念的西方渊源

"共同体"一词的提出,在西方最早可追溯到德国社会学家滕尼斯,他在《共同体与社会》中阐释了他认为的共同体即代表着一种自然情感一致、紧密联系、排他的社会联系,这种社会联系产生了守望相助、富有人情味的生活共同体[2]。波兰学者鲍曼也认为:"共同体是一个'温馨'的地方,一个温暖而又舒适的场所,它就像是一个家。"相比较而言,滕尼斯从社会的视角阐释了共同体的概念和发展过程。他指出,共同体是有机自然的统一体,社会是非自然形成的;社会是个人本位的,而共同体是整体本位的。这

---

[1] 《习近平用"和"文化构建人类命运共同体》,新华网,2015年8月8日。
[2] 滕尼斯:《共同体与社会》,林荣远译,商务印书馆1999年版。

种严格的区分虽然有利于明确共同体的概念,但由于过度强调差异性,从而割裂了共同体的人文、道德与政治等方面的意义。

(三)人类命运共同体理念的马克思主义哲学渊源

马克思共同体思想和人类命运共同体理念都着重关注人的价值诉求,前者是人类命运共同体理念产生和发展的理论来源。马克思共同体思想经历了从"自然共同体"到"抽象或虚幻的共同体"再到"真正的共同体"的演变过程。"自然形成的共同体"是马克思早期提到的"人的依赖状态",是人类社会的最初形态,这一形态以血缘、地理、语言、习惯等为纽带,以原始的公有制为经济基础,是在共同劳动过程中结成的共同体形式①。在《德意志意识形态》中,马克思初步阐述了与资本家为求得私利而结成的"抽象的或虚幻的共同体"。在《共产党宣言》中,马克思进一步描绘了"真正的共同体"——充分尊重人的本性、尊严,以实现人的自由全面发展为最高价值目标的共同体。"真正的共同体"是马克思共同体思想的最终目标,但它不是一个可以立即实现的过程。

二、人类命运共同体理念的基本内涵

《中国的和平发展》白皮书中明确提出要以"命运共同体"的新视角,寻求、确定人类共同利益和共同价值的新内涵。人类命运共同体理念的基本内涵经历了一个动态的发展过程,从"共同体"到"命运共同体"再到"人类命运共同体",随着认识的加深和实践的深化,人类命运共同体的概念逐渐成熟。

党的十八大以来,习近平总书记在一系列重要讲话中发展了人类命运共同体理念,随着中国特色社会主义进入新时代,人类命运共同体理念的内涵更加丰富深刻。人类命运共同体理念开创了中国特色社会主义的新局面,为中国梦的实现指明了前进方向,同时增强了中国特色社会主义的国际影响力。

---

① 段光鹏:《马克思共同体思想与构建"人类命运共同体"研究》,中共中央党校硕士学位论文,2019年。

人类命运共同体理念是对国与国之间公正、合理、和谐关系的追求,其目的在于实现共赢发展。其基本内涵主要表现在以下几个方面:

(一) 经济内涵

经济全球化是大势所趋,但经济全球化的过程是矛盾且曲折的。当今世界正处于百年未有之大变局,部分发达国家采取以邻为壑的贸易保护主义政策,使得中国等发展中国家遭受的不利规则日益增多,全球经贸规则亟待重塑。而世界经济发展到今天,已然形成了"你中有我,我中有你"的格局,关起门来搞建设的保守主义、逆全球化等思潮已不合时宜。这些思潮所带来的全球发展的不平衡逐渐加剧,社会贫富的差距拉大,资源稀缺、环境问题等引发的诸多不可持续发展问题频频显现。习近平总书记指出:"各国经济,相通则共进,相闭则各退。我们必须顺应时代潮流,反对各种形式的保护主义,统筹利用国际国内两个市场、两种资源。"[1]人类命运共同体理念的提出,就是要打破壁垒,谋求开放,互惠互利,努力塑造联动发展、创新增长、利益融合的世界经济,强调统筹共同富裕与共同繁荣,以开放创新、包容互惠为经济发展的基本目标,更好地推动世界各国参与全球治理。

(二) 政治内涵

在当前国际体系下,一些基本的国际关系准则没有得到有效遵守,霸权主义和强权政治已成为全球治理的障碍。党的十九大报告明确将推动建设相互尊重、公平正义、合作共赢的新型国际关系,推动人类命运共同体建设作为中国特色大国外交的主攻方向,体现了负责任大国的国际担当。针对现行国际政治秩序存在的突出问题,习近平总书记指出:"世界各国应该共同维护以联合国宪章宗旨和原则为核心的国际秩序和国际体系,积极构建以合作共赢为核心的新型国际关系,共同推进世界和平与发展的崇高事业。"[2]这点明了既有国际关系和国际体系所存在的问题,旨在将政治层面的新型国际关系建设作为构建人类命运共同体的重要突破口。人类命运共同体理念超越了国别、党派和制度的限制,强调和平与建立平等的国际关系。这一理念反对零和博弈,主张以更广阔、更包容、更公平正义的视角去思考全世

---

[1] 习近平:《论坚持推动构建人类命运共同体》,中央文献出版社2018年版,第39页。
[2] 习近平:《论坚持推动构建人类命运共同体》,中央文献出版社2018年版,第230页。

界人民的命运,把世界各国和各国人民的命运看作一个密切联系的整体,只有这一整体的健康发展,才能更好地促进国际秩序走向公正合理①。

(三) 社会内涵

全球人民生活在同一个地球村,可以看到,即使是在和平与发展的世界主题下,国家安全问题依然是受到高度关注的问题。习近平总书记指出:"推动全球治理体系变革是国际社会大家的事,要坚持共商共建共享原则,使关于全球治理体系变革的主张转化为各方共识,形成一致行动。"②"共商共建共享"是推动全球治理理念创新的重要手段,其中所倡导的坚持以对话解决争端、以协商化解分歧,是弥合全球治理分歧、整合全球治理力量的重要思想武器。中国统筹内部安全与外部安全、自身安全与共同安全,而"共享共建共享"的全球治理观正蕴含着中国特色。许多西方国家在惊讶佩服于中国面对问题的"中国速度"时,也学习着"中国方法",这反映了"共商共建共享"的全球治理观得到了积极的支持和响应,无形中提升了中国的国际地位与国际形象,也促使世界各国拥有了平等参与地区和世界安全事务的权利与义务,形成了全球安全的统一战线。

(四) 文化内涵

各国家、各民族历史不同,文化习俗不同,不能强求统一解决矛盾,而应"各美其美,美人之美,美美与共,天下大同"。人类命运共同体理念所倡导的价值观不同于西方的"普世价值观",所谓"普世价值",是西方资本主义社会进行意识形态渗透的思想武器,它将能够满足资本主义发展需要的特殊价值宣扬为能够满足每个主体发展需要的"普世价值",将包裹着资产阶级特殊利益的价值观美化为"普世价值观"。人类命运共同体理念则主张求同存异,和而不同。辩证看待"异同",体现的是人类意识形态的最大公约数,是打通自由主义、保守主义和社会主义价值壁垒的桥梁,旨在为建立一个更加美好的世界提供价值指南。

(五) 生态内涵

马克思指出:"人作为自然存在物,而且作为有生命的自然存在物,一

---

① 孟超:《人类命运共同体理念的形成及科学内涵》,《公关世界》2021年第4期。
② 习近平:《论坚持推动构建人类命运共同体》,中央文献出版社2018年版,第384页。

方面具有自然力、生命力,是能动的自然存在物;这些力量作为天赋和才能、作为欲望存在于人身上;另一方面,人作为自然的、肉体的、感性的、对象性的存在物,同动植物一样,是受动的、受制约的和受限制的存在物。"①工业革命以来,世界经济取得飞速发展,却是以牺牲自然生态环境为代价实现的。中国的现代化不能走西方的老路。党的十八大以来,以习近平同志为核心的党中央把生态文明建设提到了前所未有的历史高度。习近平总书记提出了人与自然是"生命共同体"的重大论断,深刻表明了保护生态就是保护人类自己。同时,保护生态是各国共同的责任,生态问题是不分国界的,解决生态问题是发达国家和发展中国家共同的使命。"像对待生命一样对待生态环境,对自然心存敬畏,尊重自然、顺应自然、保护自然,共同保护不可替代的地球家园。"②这既继承了中华优秀传统文化中"天人合一"的优良传统,将生态环境的发展与人类的发展高度统一,又是"以人为本"理念的现代彰显。

三、人类命运共同体理念融入高校思想政治教育的必要性

(一) 适应新时代高校思想政治教育的需要

思想政治教育是以人为对象的教育实践,而人是个体、群体与类的统合。当下,人类命运共同体理念是新时代高校思想政治教育创新与发展的指导思想和重要指南,该理念不仅有助于引领高校的思想政治教育工作,在传播中国最新主流观念的同时,培养大学生对人类社会整体命运的关注与把握,也有利于进一步推进大学生全球视野和世界情怀的养成,可有效助力于解决当前高校思想政治教育国际视野狭隘化、大学生全球意识缺失等诸多问题③。

将人类命运共同体理念融入高校思想政治教育中,既可以培养大学生

---

① 《马克思恩格斯文集(第一卷)》,人民出版社 2009 年版,第 209 页。
② 习近平:《论坚持推动构建人类命运共同体》,中央文献出版社 2018 年版,第 512 页。
③ 曹清燕、彭娇娇:《构建"人类命运共同体"视域下思想政治教育的全球维度》,《思想政治教育研究》2020 年第 2 期。

的开放意识、爱国意识、自主意识、公平意识和合作意识,还可以通过优化课堂教学、创新思政教育的话语以及建设更优的思想政治工作队伍等途径,有效增强高校思想政治教育的实效性①。新时代高校思想政治教育的理念就是要以"人的全面发展"为核心理念。这就要求新时代高校思想政治教育尊重教育主体的全面发展,致力于完善社会成员的综合素质和道德品格,培养人的公共意识、国际精神,实现个体的社会化和完善化。其中,主体性教育理念就要求在思想政治教育过程中尊重被教育者的主体价值,引导大学生进行自我教育和自我塑造,鼓励大学生发挥特长,追求个人理想,在社会发展中实现个人价值。开放性教育理念则要求思想政治教育工作要在人类命运共同体理念的建构框架下,用全球眼光看待思想政治教育活动,在充分涉猎、广泛吸收并融合人类多元文化与价值观念的基础上培养大学生的道德素养、国际情怀。多样化教育理念强调的则是思想政治教育的方法、途径的多样化、全方位,不仅要加强学生的基础理论教育,也要加强其实践操作能力。

(二)促进培养新时代大学生共同体意识的需要

人类命运共同体理念中人与自然、人与人、人与社会的共生思想,对于新时代高校学生具有启示性。大学生是具有自主自觉意识的人,在将人类命运共同体理念融入高校思想政治教育的过程中,就要求成员在价值取向上摒弃绝对个人主义和极端集体主义的思想,坚持互利共赢,谋求个体与命运共同体的共同发展。在此过程中,大学生便会逐渐树立兼顾个体利益与集体利益的价值理念,提升主人翁意识。通过这样的思想政治教育,大学生作为受教育者的主观能动性得到激发,与教育者、管理者形成良性互动,通过这样的交流与实践,大学生在活动中形成了正确的人生观、价值观、世界观,从而获得更优质的发展。

个人的社会参与意识是社会凝聚集体力量的重要条件,是推动社会文明发展的前提动力。同时,社会的文明进步也是由无数个个体凝结起来的集体力量所推动的。不同时代的大学生面对不同的历史课题,承担不同的

---

① 徐婷:《人类命运共同体思想融入高校思想政治工作的路径探析》,《长春师范大学学报》2018年第5期。

历史使命。当代大学生只有将共同体意识转化为实际行动,积极参与社会生活,勇于承担社会责任,抱着一种开放的心态,投身到实践当中,承担好世界公民的角色。

(三)引领提升大学生价值取向的需要

价值取向是价值哲学的重要范畴,指的是一定主体基于自己的价值观在面对或处理各种矛盾、冲突、关系时所持的基本价值立场、价值态度以及所表现出来的基本价值取向。价值取向具有实践品格,它的突出作用是决定、支配主体的价值选择,因而对主体自身、主体间关系、其他主体均有重大的影响。

人类社会越来越成为一个紧密联系的整体,个体的生存发展越来越离不开与他人的互助合作。因此,我们要摒弃只强调个体价值的思维,在实现个体利益的同时,也要合理关切他人利益,实现"共赢"。人类命运共同体理念主张建构国家与国家之间、人与人之间祸福相关、命运相惜、共生共赢的有机统一关系。大学生都能在实践过程中形成共同的价值追求、话语基础,通过互动交流实现资源共享和相互协作,从而使得大学生个体素质和能力得到提升,个人价值得到实现。

将人类命运共同体理念融入高校思想政治教育,即可通过倡导共生共赢的理念,倡导通过共同体成员之间互动协作的过程,达到利益共享、情感共鸣、价值共识、精神觉解的效果,实现主体与共同体的互利共赢。

人类命运共同体理念已然在无形间深刻影响着当代大学生的世界观、人生观、价值观、发展观。探索人类命运共同体理念的内涵以及将其融入高校思想政治教育的必要性,可以进一步引导新时代大学生的共同体意识,培育其全球视野,从而展现出责任与担当。

以井冈山精神培育当代大学生的理想信念

鲁海兰

【摘要】 井冈山精神是党领导中国革命走向胜利的重要精神源头,是以爱国主义为核心的民族精神的杰出体现。井冈山精神具有宝贵的育德、育人功能,对当代大学生坚定理想信念具有精神驱动、方向引领和行为规范的重要作用。在红色基因传承中树立远大理想,在学思践悟中坚定理想信念,在奋发有为中践行使命担当,既是青年弘扬了井冈山精神的重要内涵,又是以井冈山精神坚定了当代大学生的理想信念。

【关键词】 井冈山精神;当代大学生;坚定理想信念;价值;路径

当代青年理想信念是否坚定,关乎中国特色社会主义事业的兴衰成败。党的十九届五中全会提出,要推动理想信念教育常态化制度化,要加强"四史"学习教育和爱国主义、集体主义、社会主义教育,弘扬党和人民在各个历史时期形成的伟大精神。井冈山革命时期凝练出的井冈山精神对于培育当代大学生坚定理想信念有着极其重要的意义。剖析井冈山精神的内涵,探讨以井冈山精神培育当代大学生坚定理想信念的路径,不仅具有重要的理论意义,同时具有重大的实践价值。

一、井冈山精神的内涵

习近平总书记结合新的时代特征,将井冈山精神凝练为"坚定执着追理想、实事求是闯新路、艰苦奋斗攻难关、依靠群众求胜利"①。井冈山精神是井冈山时期革命先烈留下的跨越时空、最为宝贵的财富,当代大学生要深刻领会井冈山精神,践行使命,为实现新时代伟大梦想竭力奋进。

(一) 坚定执着追理想

坚定执着追理想是党领导中国革命走向胜利的精神支柱。"心中有信仰,脚下有力量",中国共产党人对马克思主义的坚定信仰,对共产主义的坚定信念,是井冈山精神的灵魂。

革命年代,对一个人理想信念是否坚定的检验标准就是看他能否为党和人民的事业牺牲一切。在井冈山斗争时期,革命战士依靠坚定的理想信念和坚强的革命意志,一次次绝境重生,愈挫愈勇。肖劲塞肠冲锋、马奕夫身堵机枪、曾宝华全家护印……种种英勇事迹无一不在验证,革命战士靠信念用胸膛抵挡枪林弹雨,又靠生命守护脚下这片土地的安宁。他们是血性英雄,这种血性"靠信念支撑,没有信念,生命就成了废铁而不是青铜"②。战士的理想信念、革命意志是维系他们斗志的主要支柱。

(二) 实事求是闯新路

实事求是闯新路是党成功开辟崭新革命道路的理论武器。道路于党而言,是关乎党的事业成败兴衰的首要因素。秋收起义失败后,毛泽东清醒地对客观形势作出判断,断然放弃中共中央"取浏阳直攻长沙"的错误主张,实事求是、审时度势地带领秋收起义余部转战敌人统治力量薄弱且具有群众基础的井冈山。事实证明,毛泽东的决策是正确的,处于革命低潮的中国共产党从这里走出了一条崭新的革命道路。

在井冈山革命时期,毛泽东将马克思主义基本原理与中国革命具体实践相结合,写下了《中国的红色政权为什么能够存在?》《井冈山的斗争》《星

---

① 张莹:《习近平春节前夕赴江西看望慰问广大干部群众》,《人民日报》2016年2月4日。
② 程步涛:《血性》,《解放军报》2016年6月20日。

星之火,可以燎原》等文章,阐释了中国的红色政权在当时能够存在的原因、条件及作用,形成了较为完善的中国革命道路理论。

"农村包围城市,武装夺取政权"这一符合中国国情的革命道路,为中国革命走向胜利指明了正确的道路和方向。

(三)艰苦奋斗攻难关

艰苦奋斗攻难关是为革命胜利而顽强斗争的优良传统。战时的井冈山生活条件极其艰苦,军民"有盐同咸、无盐同淡""朱德的扁担"等故事,既反映了革命时期生活的艰苦,又体现了中国共产党领导井冈山人民顽强奋斗的革命精神。

战时的艰辛远非物质匮乏而已,更是敌军猛烈炮火下的军事封锁。军队坚守井冈山根据地两年多的时间里,战斗近百次,壮烈牺牲的人数达4.8万人。战士们在枪林弹雨中求生,依靠强大的革命精神争取国家的未来。

(四)依靠群众求胜利

依靠群众求胜利是党领导中国革命取得胜利的重要法宝。在井冈山革命时期,初上井冈山的中国共产党力量非常弱小,他们充分发挥密切联系群众的优良作风,依靠群众参与到革命斗争中夺取中国革命的胜利。

井冈山斗争时期,中国共产党人在充分了解当时中国农村的实际情况的基础上,毅然召开中共湘赣边界第一次代表大会,明确提出"深入割据地区的土地革命",开展了轰轰烈烈的以"打土豪、分田地"为核心的土地革命运动,为广大中国农民带来了自由与田地,消除了封建剥削与压迫。

二、井冈山精神与培育青年坚定的理想信念

"井冈山时期留给我们最为宝贵的财富,就是跨越时空的井冈山精神。今天,我们要结合新的时代条件,坚持坚定执着追理想、实事求是闯新路、艰苦奋斗攻难关、依靠群众求胜利,让井冈山精神放射出新的时代光芒。"①如今,井冈山革命斗争时期已然成为历史,但井冈山精神对培

---

① 张莹:《习近平春节前夕赴江西看望慰问广大干部群众》,《人民日报》2016年2月4日。

养当代大学生坚定的理想信念有着重要作用。

（一）井冈山精神是坚定青年理想信念的内在动力

井冈山精神是中国共产党人初心和使命的体现，是中国共产党永恒不朽的革命精神，是砥砺新时代青年不忘初心、牢记使命的不竭精神动力。

当今世界，国际形势错综复杂，中国所面临的内部环境依旧严峻，后疫情下的经济复苏发展、"卡脖子"研发技术水平亟待提高、"中美贸易战"影响仍在……种种压力冲击之下，国家发展的阻力在变大。

"未来属于青年，希望寄予青年。"①当代大学生面对种种困难，需要有坚定理想信念的精神支撑，有远大的胸怀和格局，致力于为国、为民、为全人类的发展服务。井冈山精神是当代大学生坚定理想信念的精神驱动力，促使当代大学生勇敢行进。

（二）井冈山精神是坚定青年理想信念的思想指引

"实事求是""依靠群众"是井冈山革命斗争时期经过实践证明了的宝贵经验，也是中国共产党人认识世界、改造世界的根本要求和基本方法。

井冈山革命斗争时期的中国共产党人，既依靠人民群众又依靠自身奋斗来创造条件，面对困难依旧保持着乐观主义的态度，这为当代大学生坚定理想信念起到了导向作用。当代大学生要运用好井冈山精神，一方面要善于认清当前国际国内的机遇与挑战，结合具体实际，坚定自己的发展目标；另一方面也要学会接受挫折与失败，分析总结失败的原因及经验教训，从失败中寻找新的发展机会，将失败的因子转化为成功的因素，坚定地朝着自己的理想目标去奋进。

（三）井冈山精神是坚定青年理想信念的现实指引

井冈山革命时期已成历史，但井冈山精神的内核没有变。"追理想""闯新路""攻难关""求胜利"，为当代大学生坚定理想信念提供了现实规范。

党的十九届五中全会通过了《中共中央关于制定国民经济和社会发展第十四个五年规划和二〇三五年远景目标的建议》，这是在综合考虑未来

---

① 习近平：《在庆祝中国共产党成立100周年大会上的讲话》，人民出版社2021年版，第21页。

一个时期国内外发展趋势和我国发展条件的基础上,紧紧抓住我国社会主要矛盾,深入贯彻新发展理念,对国民经济和社会发展作出的系统谋划和战略部署。《建议》中"全面建设社会主义现代化国家"的新表述,着力强调借助科技创新以引领全面创新,在加大创新人才培养的基础上极力解决"卡脖子"的技术问题等,这是对青年一代的期待和要求。

中国经济要想实现高质量发展,需要继续应对不少的风险和挑战。当代大学生要敢作为、勇担当,在结合井冈山精神的现实指引下,有"追理想""闯新路"的毅力,坚定"攻难关""求胜利"的信念,紧跟党中央步伐,响应党中央号召,坚定对中国特色社会主义道路的自信,奋力走好新时代的"井冈山道路"。

三、以井冈山精神培育当代大学生坚定理想信念的路径

回望历史,展望未来,行程万里,不忘初心。井冈山精神是跨越时空、永不过时的财富,是具实践性、真理性的红色教育资源。充分发挥井冈山精神培育当代大学生坚定理想信念教育的功能,要与时俱进,结合当代大学生的发展特点,以多样、灵活的教育方法,将井冈山精神红色基因融入其中,使当代大学生树立共产主义远大理想和中国特色社会主义共同理想,坚定理想信念,在具体行动中践行使命担当。

(一)用好红色资源,树立远大理想

"一切向前走,都不能忘记走过的路;走得再远、走到再光辉的未来,也不能忘记走过的过去。"①在传承井冈山精神中树立远大理想信念,是对不忘初心、牢记使命的诠释,是对马克思主义的信仰和对社会主义、共产主义信念的坚守。

利用"互联网+"模式,传播井冈山精神。党中央指出:要牢牢把握舆论主动权和主导权,让互联网成为构筑各民族共有精神家园、铸牢中华民族共同体意识的最大增量。通过互联网+红色基因传承,以红色资源占领

---

① 习近平:《在纪念毛泽东同志诞辰120周年座谈会上的讲话》,《人民日报》2013年12月27日。

网络教育阵地,打造"红网"空间。利用网络创建井冈山精神学习专栏,邀请相关领域专家开展专题讲座等,让网络发挥最大的教育作用。

有效利用井冈山爱国主义教育红色基地资源。井冈山革命纪念地于1997年入选全国首批爱国主义教育示范基地,其影响力显而易见。高校可组织大学生实地重温烽火岁月遗留下的痕迹,循着那点亮民族希望的星火微光,瞻仰革命烈士纪念碑的碑文,了解一件件重要文物背后隐含的宝贵革命记忆。当代大学生要传承跨越时空的井冈山精神,树立新时代的远大理想信念,将个人梦融入国家梦,做"中国梦"的追梦者和圆梦人。

(二)强化红色教育成果,在学思践悟中坚定理想信念

学思践悟是对思想认识去粗取精、去伪存真、由此及彼、由表及里的改造过程,是当代大学生认识世界、改造世界应该遵循的科学规律。运用"学思践悟"认识论和方法论有助于当代大学生更深刻地领会井冈山精神的核心要义,以此坚守新时代的理想信念。

可以通过感悟分享座谈会、以井冈山精神为主题的征文比赛等,让大学生真切思考井冈山革命根据地的历史地位以及井冈山精神的宝贵之处。

还要提升大学生对井冈山精神的认同度。高校思政课教师应加强红色主题教育,并升华主题,让当代大学生真正从思想上理解中国共产党为什么能,切实明白马克思主义为什么行,从内心深处认可中国特色社会主义为什么好,从而提升国家认同感,增强民族自信心。

(三)深化社会实践教学,在奋发有为中践行使命担当

"全部社会生活在本质上是实践的。"①实践不仅是认识的来源、认识发展的动力,更是认识的目的。当代大学生对井冈山精神的认识和感悟都应在实践中得到体现。

当代大学生要以实事求是、敢闯新路、艰苦奋斗、攻克难关的井冈山精神激励自身,勤学苦练、求真学问、知行合一、提升自我。高校要从加强社会实践教育出发,从培育优质的专业性人才着手,开展校企合作,让大学生入企见习锻炼,既让学生学有所用、学用互促,又助力企业高素质

---

① 《马克思恩格斯选集(第一卷)》,人民出版社2012年版,第135页。

人才培养。

当代大学生要从井冈山精神中将爱国为民的大义作为立身之本和成才之基。高校可组织开展大学生"三下乡"活动,让大学生走进农村、走进农民、走进田垄,知稼穑之艰难,从而磨炼心智,增强使命和担当意识,自觉投身中国特色社会主义现代化强国建设,让青春焕发光彩!

弘扬伟大的爱国主义精神是实现中华民族伟大复兴历史使命的必要之举。井冈山精神作为一种爱国主义精神,对当代大学生坚定理想信念有着重要的作用。当代大学生当"以实现中华民族伟大复兴为己任,增强做中国人的志气、骨气、底气,不负时代,不负韶华,不负党和人民的殷切期望!"[1]

---

[1] 习近平:《在庆祝中国共产党成立100周年大会上的讲话》,人民出版社2021年版,第21页。

红色文化资源融入高校思想政治教育路径探析

蒿 哲

【摘要】 红色文化是中国共产党领导中国人民在革命、建设、改革时期经实践形成的文化,包含中国共产党人坚定的理想信念、伟大的民族精神和深厚的家国情怀,蕴藏着重要价值。一方面红色文化资源可以丰富高校思想政治课程的教育资源,另一方面红色文化资源深刻影响着大学生的政治信仰、价值观念和社会责任感。以红色文化资源创新高校思想政治教育教学方式,以红色文化资源增强高校思政课的实践性,将红色文化资源融入校园文化建设,能有效推动红色文化资源融入高校思想政治教育。

【关键词】 红色文化资源;思想政治教育;融入

一、红色文化的内涵

"红色"最初只表示一种颜色,而深植于中国大地的红色,往往具有革命的、共产主义的含义。本文认为红色文化可以从广义和狭义两方面去理解,广义的红色文化是指中国共产党在革命、建设、改革时期以争取民族独立、人民解放和实现国家富强为根本历史任务中所创造的物质财富和精神财富之和;而狭义的红色文化是指在马克思主义的指导下,中国共产党领导中国人民在具体的社会实践中所创造出的物质财富和精神财富之和。

红色文化的类型可以从物质和精神两个层面来认识。从物质层面来看,红色文化主要是指在革命、建设、改革过程中所留下来的遗址、革命文物、革命文献、纪念馆和烈士陵园等。不同历史时期遗留下来的遗址,有中共一大会址、古田会议旧址等;革命先辈写下的诸多革命文献,有《新民主主义论》《改造我们的学习》等;为革命先烈、英雄人物修建的纪念馆和烈士陵园,有上海鲁迅纪念馆、龙华烈士陵园等。这些是承载着红色文化的物质实体。从精神层面来看,红色文化主要是指在革命、建设、改革时期所形成的精神,如长征精神、抗战精神、井冈山精神、延安精神、苏区精神、西柏坡精神等革命精神;北大荒精神、"两弹一星"精神、大庆精神、红旗渠精神、焦裕禄精神、雷锋精神等建设精神;改革开放精神、特区精神、载人航天精神、劳模精神、女排精神等改革精神。

红色文化具有革命性、进步性、开放性、民族性等特征,将红色文化融入高校思想政治教育具有重要的价值意蕴。

二、红色文化资源融入高校思想政治教育的价值意蕴

(一) 红色文化是高校思想政治教育的重要课程资源

思想政治教育学是一门运用多学科理论知识研究本领域问题的综合性学科,在高校思想政治教育中吸纳红色文化,对于充实思想政治教育的课堂教学内容、提升教学效果具有重要作用。

要将红色文化全方位注入高校思想政治教育全过程,巩固高校思想政治教育的教学成果。可以带领学生实地参观革命遗址等,增强高校思想政治课的吸引力。红色文化蕴含着的红色精神,具有较强的感染力,如战争年代勇往直前、坚韧不拔,不怕牺牲、前仆后继,众志成城、团结互助,百折不挠、克服困难的长征精神等红色精神在新时代依然可以成为激励大学生奋勇前行、艰苦奋斗的不竭动力;刘胡兰、黄继光、杨根思等革命先烈不怕牺牲、英勇斗争的故事,焦裕禄、王进喜、孔繁森等艰苦创业、勇担责任的事

迹可以成为激励大学生不怕困难、迎难而上的不竭源泉。这些为高校思想政治教育提供了重要的课程资源。

(二) 红色文化是高校思想政治教育育人的深厚力量

习近平总书记指出:"要坚持把立德树人作为中心环节,把思想政治工作贯穿教育教学全过程,实现全程育人、全方位育人"①;"文化是一种精神、一种信念、一种力量,是民族的血脉,是人民的精神家园"②。红色文化作为一种独特的文化,具备育人的力量。

第一,红色文化资源融入高校思想政治教育对于大学生筑牢理想信念、增强文化自信具有重要意义。习近平总书记强调:"坚定理想信念,坚守共产党人精神追求,始终是共产党人安身立命的根本。对马克思主义的信仰,对社会主义和共产主义的信念,是共产党人的政治灵魂,是共产党人经受住任何考验的精神支柱。"③从红色文化的物质层面来看,如每一处红色景点都是一个丰富的课堂,都能给学生以道德滋养和政治智慧。在市场经济快速发展的时代,全球化趋势不可逆转,催生了多元价值观,部分人急需精神补钙。红色文化资源有强大的感染力,能让高校学子深刻体会到党在革命、建设、改革过程中的艰难与曲折,领悟到人只有具备坚定的理想信念才能克服重重困难。将红色文化资源融入高校思想政治教育,就要充分挖掘、整合红色文化资源中的精神品质和价值取向,在教育过程中讲好红色故事、赓续红色基因。习近平总书记指出:"要以培养担当民族复兴大任的时代新人为着眼点,强化教育引导、实践养成、制度保障,发挥社会主义核心价值观对国民教育、精神文明创建、精神文化产品创作生产传播的引领作用,把社会主义核心价值观融入社会发展各方面,转化为人们的情感认同和行为习惯。"④高校思想政治教育若能充分利用红色文化资源,对于促进大学生的健康发展、引导大学生树立正确的思想观念具有不容忽视的作用。

---

① 习近平:《习近平谈治国理政(第二卷)》,外文出版社2017年版,第376页。
② 教育部课题组:《深入学习习近平关于教育的重要论述》,人民出版社2019年版,第235页。
③ 习近平:《习近平谈治国理政(第一卷)》,外文出版社2018年版,第15页。
④ 习近平:《习近平谈治国理政(第三卷)》,外文出版社2020年版,第33页。

第二,在高校思想政治教育中吸纳红色文化资源,对于锻造大学生的社会责任感具有重要意义。习近平总书记强调:"祖国的青年一代有理想、有追求、有担当,实现中华民族伟大复兴就有源源不断的青春力量。"①将红色文化融入高校思想政治教育中有利于增强大学生的社会责任感,引导大学生做出正确的行为选择,培育其责任和担当意识。

三、红色文化资源融入高校思想政治教育的路径

加强红色文化的创造性转化和创新性发展,将思想政治教育教学实践与红色文化资源有机融合,是思想政治教育的重中之重。

(一)以红色文化创新思想政治教育方式

习近平总书记指出:"要用好课堂教学这个主渠道"②;"推动思想政治理论课改革创新,不断增强思政课的思想性、理论性和亲和力、针对性"③。高校思想政治理论课是推进大学生传承红色文化的重要方式,高校思想政治教育工作者不但要把红色文化资源作为主要的教学内容,讲授红色文化的丰富内涵,还要将红色文化教育融入思政课教学全过程,引导大学生自觉学习红色文化、感知红色精神。

高校可以与当地或者周边红色教育基地共同打造红色专题课程,将教学内容与红色文化资源充分结合起来,增强课堂氛围,促进红色文化入脑入心。高校思想政治教育工作者也可以围绕教学目标,比如"坚定信仰信念信心",讲述陈延年、陈乔年等英雄先烈和革命先行者的事迹,以红色文化的强大感染力激发学生的爱国之情、强国之志、报国之行。又比如,在授课之前,教师让学生自行查找红色文化素材,找出其中最打动自己的部分,在课程上与同学们分享讨论,促使思政课更具吸引力、亲和力和感染力。再比如,教师利用红色影视作品和音乐作品,增强课堂

---

① 《习近平总书记给第三届中国"互联网+"大学生创新创业大赛"青年红色筑梦旅"大学生的回信》,新华网,2017年8月15日。
② 习近平:《习近平谈治国理政(第二卷)》,外文出版社2017年版,第378页。
③ 习近平:《思政课是落实立德树人根本任务的关键课程》,人民出版社2020年版,第17页。

生动性、吸引力,从而引导学生对红色文化产生情感认同,进而提高思想政治教育的有效性。

(二)以红色文化创新思想政治教育实践

知行合一,以践达悟。教学方式的创新有利于学生学习和掌握思想政治课上的理论知识。

高校应该与红色文化教育基地进行合作,凸显红色文化资源在育人方面的作用,将红色文化资源与理论学习、现场参观、实地教学结合起来,把理论与实践、教育与学习、历史与现在联系起来。比如中共虹口区委党校开展的行走的党课采用实地教学法,从鲁迅故居开始边走边讲,边参观边学习,在行走中阅读红色历史,在交流中感悟党史温度,在思考中追寻红色记忆,让学生通过现场教学真切感受历史的厚度,感悟革命先辈坚定的理想信念,引导学生用红色文化塑造人格、激发精神动力。

以红色文化创新思想政治教育实践,就是要将理论学习与实践行动联系起来,将高校思政理论课与社会实践联系起来。大学生要积极参与社会实践活动并在实践活动的基础上,形成经验、思考。只有在践行中,大学生才能更加深刻领悟到红色文化的价值所在,从而坚定理想信念,自觉践行社会主义核心价值观。

(三)以红色文化创新高校校园文化建设

高校校园文化是以高校校园为空间,以大学生、教师为主体,以校园文化活动为主要内容,以校园精神为核心的文化。健康向上的校园文化对青年学子的世界观、人生观、价值观会产生积极的影响。高校要构建健康向上的校园文化,自觉抵制落后腐朽的文化,要将红色文化元素融入校园文化建设中。

校园文化建设与发挥红色文化的隐性教育功能分不开,校园环境和校园硬件设施在设计建设时应融入红色文化元素。校园环境建设不仅要求优美怡人,同时还要兼顾红色文化的传播。比如在校园广场、教学楼放置红色雕塑,举例来说,湖南大学的东方红广场,有一座1976年建造的毛泽东塑像,这是长沙市高校校园公共雕塑的典范之作,整体高12.26米,像身高7.1米,分别寓意毛主席生日和中国共产党生日。依托物质文化载体,把抽象的红色文化精神具体在客观存在物上,使红色文化看得见、感受得到,这拓展了思想政治教育的时间与空间。高校要积极举办多样化的特色活动,让红色文化在校园里生根开花,如将红色文化融入党团活动中。此外,新媒体时代,信息传播速度快、覆盖面广,高校可以利用各种社交媒体开辟红色文化资源专栏,使大学生及时了解红色文化信息。

深化大学生党史学习实效性的探索与思考

向科敏

【摘要】 青年大学生肩负着实现中华民族伟大复兴中国梦的时代重任。加强对大学生的党史教育,对于坚定理想信念、明确责任担当具有非常积极的意义。增强大学生党史教育的实效性,应围绕当代大学生的价值认知、党史认知、自我认知,设计党史教育内容。

【关键词】 大学生;党史学习;实效性

2021年2月20日,习近平总书记在党史学习教育动员大会上指出:"要抓好青少年学习教育,着力讲好党的故事、革命的故事、英雄的故事,厚植爱党、爱国、爱社会主义的情感,让红色基因、革命薪火代代传承。"① 2021年5月,中共中央办公厅印发《关于在全社会开展党史、新中国史、改革开放史、社会主义发展史宣传教育的通知》,要求青少年认真学习"四史",尤其是党的历史。

---

① 习近平:《在党史学习教育动员大会上的讲话》,人民出版社2021年版,第26页。

一、大学生群体的特点

习近平总书记在党史学习动员大会上指出:"党史学习教育有自身的特点和规律,要发扬马克思主义优良学风,坚持分类指导,明确学习要求、学习任务,推进内容、形式、方法的创新,不断增强针对性和实效性。"[①]对于大学生党史学习而言,可围绕大学生的价值认知、党史认知、自我认知,推进大学生党史教育取得实效性,从而达到"学史明理、学史增信、学史崇德、学史力行"的要求。

(一)价值认知

习近平总书记指出:"青年的价值取向决定了未来整个社会的价值取向,而青年又处在价值观形成和确立的时期,抓好这一时期的价值观养成十分重要。这就像穿衣服扣扣子一样,如果第一粒扣子扣错了,剩余的扣子都会扣错。人生的扣子从一开始就要扣好。"[②]当代大学生思维活跃,易于接受新思想新事物,其世界观、人生观、价值观处于未定型未成熟的过渡阶段,是"学史明理、学史增信、学史崇德、学史力行"的关键时期,最需要精心培育和耐心引导。作为信息时代的"互联网原住民",当代大学生受各种社会思潮的影响,思想更加多元、价值判断更加复杂、发展诉求更加多样,更易受到错误思潮和观点的影响。增强大学生党史教育的实效性,需要以价值观引领为出发点和落脚点,明之以理,导之以正,切实树立对中国共产党的正确认识,引导大学生树立积极向上的价值观,自觉将个人理想和社会理想相融合,立志承担起社会主义建设者与接班人的重任。

(二)党史认知

"如果对理论没有彻底的认知,对历史没有清醒的认知,就不可能有坚定的马克思主义、社会主义信仰……"[③]当代大学生,主要以"00后"为代

---

① 习近平:《在党史学习教育动员大会上的讲话》,人民出版社2021年版,第26页。
② 习近平:《在北京大学师生座谈会上的讲话》,人民出版社2018年版,第5页。
③ 王炳林、刘奎:《关于"四史"融入思想政治理论课的思考》,《思想教育研究》2021年第8期。

表,他们生长于国家快速发展、物质极大丰富、科技日新月异的时期,对国家有着高度的认同感和自豪感,但对中国共产党领导人民进行革命与建设的伟大事业缺乏充分、系统的了解。学之不深,则信之不笃,增强大学生党史学习教育的实效性,必须深化大学生对党史的理解,既要知其然,更要知其所以然。要科学地重塑大学生的党史观,切实做到"学史增信"。

(三) 自我认知

青年一代有理想、有本领、有担当,国家就有前途,民族就有希望。然而,随着生活节奏的加快和社会竞争的日趋激烈,各种文化思潮和价值观念交织与并存,部分大学生的思想产生了负面、消极的倾向,如近年来涌现的"佛系""丧文化"等亚文化词语,明显与青年的活力与朝气、激情与梦想不匹配,更与社会主流价值观相悖。据有关研究表明:"大学阶段是确立价值观、人生观、世界观,形成自我同一性的重要时期,这一时期的大学生对社会思潮具有较为明显的跟风和盲从性,容易受到非主流文化的影响。"[1]大学生的"废"心理形成固然有很多客观原因,比如学业、经济、人际、就业等多种压力,但也有大学生认知、情绪、行动上的主观原因。要消解这些负面情绪和消极观念,必须关注当代大学生的生活处境和心理需求,以正向的思想观念,激励引导大学生在党史中汲取强大的精神力量,做到"学史崇德"和"学史力行"。

二、大学生党史学习教育的主要内容

百年党史,内容丰富,大学生党史学习教育,必须立足大学生的特点,做到主题明确,重点突出。要抓住大学生党史学习教育的内容和重点,深入总结党的历史经验,讲好党的故事、革命的故事、英雄的故事,从而使大学生有效学习党史,切身感知党恩,坚定信心跟党走。

(一) 把握党的历史主题

习近平总书记指出:"只有在整个人类发展的历史长河中,才能透视出

---

[1] 徐美华、刘轩:《当代大学生的"佛系"特征、成因及影响——基于16所高校717名大学生的调查研究》,《重庆高教研究》2021年第9期。

历史运动的本质和时代发展的方向。"①大学生要在对历史的横向和纵向的比较中把握历史的发展变化，注重从总体上把握历史发展的接续关系，准确把握党的历史发展的主题主线、主流本质，正确认识和科学评价党史上的重大事件、重要会议和重要人物。要通过历史的系统学习，对党和国家的发展有一个基本的认知。

当代大学生思维活跃，视野开阔，善于运用信息技术和互联网获取信息、学习知识，但他们的生活阅历较浅，缺乏社会经验，对党史的理解较浅，对国内外意识形态斗争的隐蔽性和严峻性认识不够。大学生党史学习教育就要"正本清源，固本培元"，通过系统学习党史，使其对党和国家的发展有一个基本的认知。

党的百年奋斗历程中，党团结带领人民群众为争取民族独立、人民解放，实现国家富强、人民幸福而不懈斗争。中国共产党人以马克思主义为指导，先后完成了新民主主义革命和社会主义改造，进行了社会主义建设道路的早期探索，开启了改革开放和社会主义现代化建设征程，实现了中华民族从站起来到富起来再到强起来的伟大飞跃。加强对大学生的党史教育就是要让大学生了解党在革命、建设和改革开放中不懈奋斗的曲折历史；学会辩证看待党在革命、改革、建设过程中的经验教训；让大学生理解中国共产党为什么能、马克思主义为什么行、中国特色社会主义为什么好，从而始终拥护中国共产党的领导，珍惜如今来之不易的美好生活。

（二）总结党的历史经验

习近平总书记强调："要教育引导全党胸怀中华民族伟大复兴战略全局和世界百年未有之大变局，树立大历史观，从历史长河、时代大潮、全球风云中分析演变机理、探究历史规律，提出因应的战略策略，增强工作的系统性、预见性、创造性"②。习近平总书记在党史学习教育动员大会上的重要讲话，体现了以史为鉴、开创未来的历史智慧和眼光。重视历史、研究历

---

① 习近平：《论中国共产党历史》，中央文献出版社 2021 年版，第 197 页。
② 习近平：《在党史学习教育动员大会上的讲话》，人民出版社 2021 年版，第 14 页。

史是我们党的优良传统,我们党能够一步步发展壮大,很重要的一点就是重视对历史的学习、善于从历史中总结正反两面的经验和教训。我们对党史的学习不仅仅是为了了解党和国家的发展脉络、艰辛历程,更重要的是总结党和国家在革命、建设和改革发展过程中积累的历史经验,以便更好地指导我们的实践。同时,在对党史的学习与感悟中明晰中国共产党是中国特色社会主义事业坚强的领导核心,让大学生了解中国共产党是如何改变中国的,感悟马克思主义真理和实践的力量;让大学生明白党的理论不是凭空产生的,理论要与实践相结合并且要与时俱进,从而让大学生坚定对马克思主义的信仰、对中国特色社会主义的信念,做到"学史明理"。

(三) 学习革命精神

大学生思维活跃、想法独特、乐于分享、兴趣广泛、身体强劲、精力旺盛,但心智、心理还尚未完全成熟,经验少、阅历浅、情绪和思想有波动,这导致他们对自己未来的发展方向不明确,生活中缺乏短期目标和长远规划。部分学生存在如"活在当下"的人生选择、"享乐至上"的生活方式、"唯我独尊"的心理状态等。他们缺乏良好的责任感和使命感,对人生价值存在怀疑、迷茫和消极态度,出现道德失范和行为失范等现象。因此,加强对大学生的伟大革命精神教育意义重大。

"革命精神是指中国共产党在领导人民群众进行革命、建设和改革实践过程中,在特定的历史时期和特殊的历史环境下形成的,体现了中国共产党人政治觉悟、意志品质、思想道德和工作作风的一系列优良传统和革命风范。"[①]在中国共产党团结带领广大人民群众浴血奋战的百年征程中孕育出了一系列伟大精神,如井冈山精神、长征精神、延安精神、红岩精神、抗美援朝精神、"两弹一星"精神、抗洪精神、抗疫精神、脱贫攻坚精神等,形成了独具特色的红色基因。这是共产党人的精神血脉和克敌制胜的法宝。这些精神所蕴含的不畏强敌、不惧风险、敢于斗争、勇于胜利的品质,对于大学生坚定理想信念、培养健康人格具有积极意义。习近平总书记多次在重要场合强调红色基因,要求让信仰之火熊熊不息,让红

---

① 王炳林:《革命精神的内涵与特征》,《光明日报》2019年8月5日。

色基因融入血脉,让红色精神激发力量。大学生党史教育过程中要注重挖掘党史中蕴含的红色基因,引导大学生从历史中汲取精神养分,传承发扬党的光荣传统和优良作风,学习革命前辈志存高远、不怕吃苦、敢于流血、勇于担当、脚踏实地的风骨、气节、操守和胆魄;发扬老一辈革命家"宜将剩勇追穷寇,不可沽名学霸王"的革命精神。如此,能逐步培养大学生在生活、学习中吃苦耐劳、戒骄戒躁,树立坚定的理想信念,形成良好的精神状态和道德品质。

三、大学生党史学习教育的有效策略

为充分发挥党史的资政育人功能,引导大学生树立正确的党史观和科学的世界观,就必须针对大学生的自身特点和党史教育规律,用鲜活的方式,通过丰富的党史素材向大学生讲述党的故事、革命的故事、英雄的故事,让他们知史爱党,知史爱国。

(一)强化党史教育的针对性

大学生党史教育要取得实效,必须注意针对性,根据大学生的知识基础、见识视野、接受习惯设计教育内容。大学生物质条件丰裕,思维活跃,可塑性强,易接受新事物新知识,为加深大学生对党史知识的了解,就要用大学生易接受的方式向他们讲述党史的故事。

国家广播电视总局组织开展的"理想照耀中国"的主题作品创作展播活动,涌现出一批兼具精神高度、文化内涵、艺术价值的作品,如《山海情》《觉醒年代》《跨过鸭绿江》《理想照耀中国》《大浪淘沙》《中流击水》等深入挖掘党的百年光辉历史、大力弘扬红色革命精神的优秀电视剧。以《山海情》《觉醒年代》为代表的作品,思想崇高、艺术精湛、制作精良,受到了观众的广泛关注和认可,为党史学习教育提供了新鲜、生动的影像教材。我们反对过度娱乐化地学习党史,但我们绝不反对通过优秀的影视剧来学习党史。优秀的影视剧切中了大学生的兴趣点。

(二)注重党史教育的实践性

大学生学习党史,不仅要学深悟透党的历史,还要自觉践行党史、升华

党史、力行党史,在实践中坚定理想信念,厚植爱国主义情感,传承红色基因,培养奋斗精神。正如习近平总书记在西藏考察时强调:"学史力行是党史学习教育的落脚点,要把学史明理、学史增信、学史崇德的成果转化为改造主观世界和客观世界的实际行动。"①为此,大学生党史学习教育要注重将课堂与社会实践结合起来,将党史学习教育与社会实践体验有机融合,推动大学生开展形式多样、丰富多彩、富有意义的红色活动,比如开展红色研学旅行,参加红色文化夏令营等,使大学生在实践中学习党史,坚定理想信念,在实践中汲取党史知识,体验党带领人民取得的伟大成就。

(三)加强党史教育的实效性

党史教育从来就不是一句空话,而是通过实实在在的教育过程展开的。大学生党史学习教育,既要立足课堂,又要拓展到日常学习、生活中,用红色文化触动大学生的心灵,将红色火种播进大学生的心中,做到潜移默化、润物无声。"党史学习教育贴近生活是保证学习教育实效性的前提。每一代人都有每一代人的时代际遇,每一代人都有属于其自身的生活世界。同时,同一代人或者同一个人在不同的时期又有不同的生活经历,形成不同的生活感受。"②以"00后"为代表的当代大学生生活在和平、开放、多元的年代,如何向大学生讲述过去发生的事情,拉近受教育者和历史知识之间的距离,是加强党史教育实效性的关键之处。

革命博物馆、纪念馆、党史馆、烈士陵园等是党和国家红色基因库。学校可以通过开发红色教育资源、创设生活育人情境,使党史学习融入大学生的日常。例如,充分利用红色基因库的革命场景让学生"身临其境",充分发挥现场教学的形象性、生动性,给予学生历史真实场景的冲击力,把真实的革命场景与党的性质、宗旨、方针、政策、精神谱系等联系起来,引起学生的心理共鸣。

党的历史是最生动、最有说服力的教科书。因此,要充分发挥党史资政育人的功能,促进广大大学生充分了解党的历史,提高思想素质,培养伟大的爱国主义情怀,树立更加坚定的马克思主义信仰。同时,加强大学生

---

① 本报评论部:《学史力行是党史学习教育的落脚点》,《人民日报》2021年7月27日。
② 李辉、林丹萍:《青少年党史学习教育关键在于"活"》,《中国德育》2021年第13期。

党史学习教育是一项长期复杂的任务，不能"一时兴起"，更要避免形式主义，要认认真真地做、踏踏实实地学，让党史学习教育真正走进大学生的心中，把革命传统、红色记忆、红色基因根植于大学生心中，引导大学生深刻理解中国共产党为什么能、马克思主义为什么行、中国特色社会主义为什么好，真正做到以史明志、以史鉴今。

新时代加强青年理想信念教育的主要路径探析

张娇娇

【摘要】 新时代加强青年理想信念教育,是应对复杂国际形势的现实需要,是巩固社会主义制度的有力保障,是提升青年综合素质的内在要求。目前的青年理想信念教育在教育内容、教育方法、教育队伍和教育载体等方面存在一定不足,为此,应从以下方面进行改进:完善和丰富思想政治理论课的内容体系;扎实抓好教学方法的创新;发挥教育队伍的主动性和创造性;探索和拓展教育新载体,提升青年理想信念教育的吸引力和有效性。

【关键词】 新时代;青年理想信念教育;路径

理想信念是民族复兴、国家富强、个人奋进的精神动力。青年作为国家的未来和民族的希望,对其进行理想信念教育具有极其重要的意义。习近平总书记指出:"青年兴则国家兴,青年强则国家强。青年一代有理想、有本领、有担当,国家就有前途,民族就有希望。"①党的十八大以来,青年的理想信念问题多次出现在习近平总书记的重要讲话中,由此可见他对青

---

① 习近平:《习近平谈治国理政(第三卷)》,外文出版社2020年版,第54页。

年理想信念教育的重视程度。近年来,在习近平总书记讲话精神的引领下,青年的理想信念教育工作有了可喜的进展,但是在教育内容、教育方法、教育队伍和教育载体等方面仍然存在一定的不足。对此,有必要采取综合措施解决这些问题。

一、新时代加强青年理想信念教育的意义

理想信念问题关系到党和国家的前途与命运。加强新时代广大青年的理想信念教育,不仅对青年自身成长有现实意义,而且对保证党和国家长治久安有长远意义。

(一) 这是应对复杂国际形势的现实需要

随着信息时代的迅猛发展,西方部分国家依靠其强大的信息技术优势,在网络空间中大力美化和宣传西方的政治制度,丑化和抨击中国的政治制度。西方敌对势力不仅利用网络技术攻击和控制中国的网络空间,还利用技术手段干预中国的网络内容。在特定的时段持续对网络用户推送有针对性的内容,如宣扬西方价值观优越性,否定和抨击社会主义制度等。习近平总书记指出:"当前我国国家安全内涵和外延比历史上任何时候都要丰富,时空领域比历史上任何时候都要宽广,内外因素比历史上任何时候都要复杂。"[①]青年作为网络的主要用户,网络上一些负面的内容不可避免地会对青年产生消极影响,有些青年的理想信念产生动摇,开始追捧西方的生活方式和政治制度,认为西方的都是先进的、美好的、文明的、发达的。因此,新时代必须要加强青年理想信念教育,只有让青年拥有坚定的马克思主义信仰和中国特色社会主义信念,才能应对复杂多变的国际局势,抵御西方敌对势力思想文化的侵蚀。

(二) 这是巩固社会主义制度的有力保障

改革开放以来,中国进入高速发展阶段,始终坚持以公有制为主体、多种所有制经济共同发展的基本经济制度。事实表明,这是符合我国社会生

---

① 《习近平:坚持总体国家安全观 走中国特色国家安全道路》,《中国应急管理》2014 年第 4 期。

产力发展需要的,也极大地推进了我国经济社会的发展。同时,"经济上多种成分并存,必然带来多种意识形态。有资本主义性质的经济,就会有为他们的利益进行辩护的理论观点,就会有腐朽的资产阶级思想蔓延的土壤"①。追求利润最大化是经济活动的出发点,但过于追求个体利益势必会产生拜金主义、享乐主义、极端个人主义等错误观念,各种腐败贪污的现象也会随之滋生,这一不良风气也会影响到青年。很多青年越来越重视个人利益、现实利益、眼前利益,而抛弃共产主义理想和社会主义信念,在面临诱惑时缺乏自制力,在面临挫折时缺乏决心和毅力。只有加强青年理想信念教育,指引青年树立正确的"三观",使其坚定崇高的理想追求,正确认识社会主义的发展规律,自觉拥护党和国家的各项路线、方针、政策,坚定不移地坚持中国特色社会主义道路,才有利于和谐社会的建设。

(三) 这是提升青年综合素质的内在要求

青年是祖国的未来,是中国共产党事业的接班人。理想信念对青年的成长成才起着重要的指导和推动作用。一个人只有树立起正确的理想信念才能成为对社会有用的人。新时代青年要承担时代使命,必须全面提升自身的综合素质。马克思主义理想信念是青年健康成长与全面发展的精神坐标。理想信念不仅能为青年指引人生的奋斗方向,还能为青年提供源源不断的精神动力。理想信念能提高青年的精神境界。树立正确的理想信念可以指引青年很好地解决"做什么样的人"的人生课题,可以引导青年走好未来的人生道路,激发其担当民族复兴大任的责任意识和使命感,促使其努力掌握报效国家和服务人民的过硬本领。

二、新时代青年理想信念教育的现状

(一) 教育内容的实效性有待提高

新时代青年理想信念教育内容的实效性有待提高,主要体现在两个方

---

① 周新城:《共产党员应该有坚定的理想信念——读十八大报告的一点体会》,《思想理论教育导刊》2013年第2期。

面：一是教育内容更新不及时。马克思主义理想信念虽然不会因时代的变迁而发生变化,但理想信念的教育内容要根据风云变幻的国内外形势和时代需要与时俱进。现实中关于理想信念的教育内容仍停留在革命战争年代人们的执着追求上,而在以"和平与发展"为主题的当今社会用现实的案例教育引导青年坚持马克思主义理想信念具有更重要的现实意义。二是教育内容缺乏实践性。当前青年理想信念教育没有把个人理想与社会理想很好地结合起来,长期以来青年认为理想信念过于高远,就是因为教育内容从高处着眼,强调长远理想和社会理想,而对个人理想关注不足。这样不但无法达到指引奋斗目标、提供前进动力、提升精神境界的教育效果,还会引起青年的抵触心理。

（二）教育方法的创新性有待完善

新时代理想信念的教育方法虽然随着网络技术和新媒体的发展在不停更新,但创新性不足,主要体现在两个方面：一是教学方法创新性不够。网络技术使得信息传播内容可以集声音、图片、视频等形式,这能调动青年获取信息的主动性和参与性,也为丰富教学方法提供了有利条件,使得枯燥的思想政治理论课更具吸引力和感染力。但是部分教师不愿意学习和接受新技术,不能熟练运用网络技术,没能充分发挥出网络技术对教学方法的促进和提升作用。二是社会实践的创新性不够。当前高校开展的社会实践活动,有些流于形式,缺少有效的指导,指导教师的作用微乎其微。与理想信念有关的社会实践活动,创新主题挖掘较少,实践形式较为单一,理想信念教育需要落实在行动中才能有很好的教育效果。青年只有将理想信念体现在社会实践中,才能将自身的发展与国家和民族的命运相结合。

（三）教育队伍的科学性有待改进

网络的迅猛发展对教育队伍提出更高的要求。当前教育队伍的科学性有待改进,主要体现在两个方面：一是教育队伍的素质有待提高。网络信息内容复杂、传播速度快、传播范围广,这导致许多教育工作者有些不适应,突出表现为：知识储备不足和知识结构单一、网络技术技能不足、运用网络进行理想信念教育的主动性不强等。马克思主义是科学的世界观和方法论,其理论内容博大精深,进行理论教育既需要掌握理论的精华,又要将深奥的理论通俗化,这就需要理论宣传者有较高的理论素养和专业水平。二是教育队伍的结构有待调整。目前,主要由思政课教师和辅导员进行理想信念教育,这两支队伍虽然有着同一教育目标,但是在实际工作中却很少有交集。

(四)教育载体的多样性有待加强

理想信念教育要让青年做到"知"与"信"的统一,但当前的教育形式还不够丰富,教育载体的多样性仍有待加强。当前青年理想信念教育以思政课为主要载体,取得了一定的育人效果。但思政课的课时有限,针对非思政专业学生设置的"大班"授课,人数较多,师生之间的互动较少,教师对教育内容讲解得多,而学生主动学习较少,理解程度受到影响,这就需要其他载体来辅助。比如随着新媒体的普及,微信、微博等能成为师生沟通互动的有效平台。

三、新时代加强青年理想信念教育的主要路径

新时代青年理想信念教育的路径也要与时俱进,这可以从完善教育内容、创新教育方法、强化教育队伍和拓宽教育载体等方面来实现。

(一)完善和丰富思想政治理论课的内容体系

新时代要加强青年理想信念教育,就必须开好思政课,用习近平新时代中国特色社会主义思想武装青年头脑,引导青年增强"四个自信",树立正确的爱国主义观,积极投入实现中华民族伟大复兴的奋斗中。

第一,将中国梦教育融入思想政治理论课。高校思想政治理论课是开展青年理想信念教育的主要途径,"把'中国梦'所赋予的实际内容有机地融入思想政治理论课的教学环节和其他延伸环节,提升大学生实现'中国梦'的信念,引导大学生主动将自己的成长成才与实现'中国梦'的伟大改革和建设实践结合起来,是思想政治理论课承载的重要职责和功能"[①]。

---

① 陈爱民:《对大学生思想政治理论课加强"中国梦"教育的若干思考》,《学术论坛》2014年第4期。

在思想政治理论课体系中,每门课程都和中国梦有契合点,高校应根据每门课程的内容和特征,将中国梦理想信念教育有机地融入教学中。

第二,加强"四史"教育。"四史"教育是青年理想信念教育的重要内容之一。党和国家的光辉历史既是中华民族十分珍贵的精神财富,也是推动中国特色社会主义伟大事业的力量源泉。对青年进行理想信念教育要注重党史、新中国史、改革开放史和社会主义发展史教育,使其了解党的光荣传统、宝贵经验和伟大成就,形成"只有社会主义才能救中国,只有中国特色社会主义才能发展中国"的共识。

第三,强化爱国主义教育。要善用国防教育基地与爱国主义教育基地,积极发掘重大历史事件和纪念日中所蕴藏的爱国主义教育资源,利用春节、清明节、端午节和中秋节等中华传统节日,开展积极向上、富有内涵的活动。做好爱国主义教育,强化青年对国家的忠诚、对人民的感情、对社会的责任,需要深入开展国情和形势政策教育。

(二)扎实抓好教学方法的创新

要紧跟新时代的步伐,从青年的实际特点和需求出发,以促进青年发展为出发点和落脚点,适时适度地调整和改进教学方法,真正让思政教育入耳、入脑、入心,有效提高理想信念教育的亲和力和针对性。

第一,情境教学法。相较于传统的讲授式教学法,情境教学法更能够吸引青年积极参与,提升青年的实际运用能力。在教学的过程中,教师可设置具有一定情感色彩的生动具体的情境,如可以让青年根据理想信念的教育内容表演相关的心理情景剧,通过展现情景剧中人物的心理和行为,引发青年的共鸣,使青年明白树立正确理想信念的重要性。教师在使用情境教学法时,可设置一些有挑战性的问题,激发青年积极思考,或是引入一些有趣且富含哲理的小故事和典故。这样不仅能活跃课堂气氛,还能进一步加深青年对教育内容的理解和体会,有利于培育青年对人生、集体、社会的热爱之情。

第二,体验式教学法。体验式教学法就是让青年到大自然和社会中去体验,感受书本中的知识,逐渐在实践当中体会事物真正的本质,以此锻炼青年"透过现象看本质"的本领。此教学方法将以往思政课以教师为主体的教学模式转变为以学生为主体,教师成为学生学习新思想的引路人,学生的主体性得到充分发挥。如举办理想信念辩论赛,使学生在争论的过程中加深对理想信念的认识。一些课外实践活动,如参观红色文化教育基地和历史博物馆等,也有助于青年树立坚定的理想信念。

第三,网络教学法。网络教学法是运用多媒体和互联网技术,通过媒体、教师、学生等多边多向互动以及对多媒体教学信息的收集、传输、处理和共享,来实现教学目标的一种教学方法。它弥补了传统教学方法枯燥、无趣、呆板的缺点。学生能够根据自身的需求不受时间和空间的约束,自由选定所需要的课程及课程进度,如近些年逐渐兴起的慕课、微课和"学习强国"等。高校思政课教师可根据本校的特色开设一些网络思想政治理论课程,学生可以根据自身实际合理规划课时,完成课程安排。网络教学的线上互动功能,可使师生有更多的交流互动,更易解决学生在学习中遇到的疑惑。此外,高校之间也可建立思政教育资源共享平台,实现资源的互通共享。

(三)发挥教育队伍的主动性和创造性

新时代要加强青年理想信念教育,就必须要有一支高素质、高水平的教育队伍。邓小平同志指出:"一个学校能不能为社会主义建设培养合格的人才,培养德智体全面发展、有社会主义觉悟的有文化的劳动者,关键在教师。"[①]

第一,丰富教育队伍的构成。理想信念教育队伍承担着理想信念宣传教育的重任,是实施理想信念教育的主体,对提高青年的思想觉悟,树立理想信念,加强社会主义理想信念的吸引力和凝聚力起着十分重要的作用。青年理想信念教育不仅限于思政课堂上,还体现在学校教育的很多方面。教育队伍的构成很广,既包括思政课教师、辅导员等主力军,也包括宣传部、组织部、网络中心、后勤保卫等校园管理队伍,随着网络技术的发展,这支队伍在不断地扩大。思政课教师负责马克思主义相关理论的讲解和传授,辅导员负责学生思想工作,帮助学生解决日常思想困惑和难题,树立人

---

① 《邓小平文选(第二卷)》,人民出版社1994年版,第108页。

生信念,其他校园管理队伍负责营造积极向上的校园文化氛围,实现理想信念教育全方位进入学生管理工作。各部门、各环节的相互协调、全员育人,可为青年理想信念教育创造良好氛围。

第二,加强教育队伍的媒介素养。网络已成为现代社会主要的信息传播工具,其更新快、科技含量高,这就需要一批既有较高政治素养和政治敏感度,又能熟练掌握信息技术的人才与之相适应。具体而言,一是要有较高的政治素养。网络环境下的教育者要具备正确的、坚定的政治素养,时刻保持清醒的政治头脑,明辨是非,坚定立场,敢于发声,引导正确的舆论方向。二是要有较高的道德素质。教育者要有较强的社会责任感和严谨的工作作风。在传播网络信息时,要考虑社会效果以及是否对青年的思想有推动和启发作用。三是要有较全面的知识素质。教育者要具有广博的知识、较强的文字功底,能利用媒体特点,使自己成为"意见领袖",在网络上阐释积极正面的人生哲理,引导青年理性辨别网络信息。四是要有网络技术素质。教育者要不断学习使用各种软件,积极适应新媒体飞速发展的趋势,及时获取、传递、处理、反馈信息,这样才能应对千变万化的网络舆情。

(四)探索和拓展教育新载体

教学内容的丰富化、生动化,离不开教学载体与途径的创新。网络的发展,为青年理想信念教育提供了很多丰富的形式和载体,为拓宽教育新途径提供了条件。

第一,建立理想信念主题教育平台。信息传播手段和媒介的日益丰富给教育带来了挑战,也提供了许多新的途径。对青年进行理想信念教育可以采取多种形式,让传统媒体与网络优势互补。理想信念教育要紧紧抓住传播媒介更新快的特性,利用微信、微博、抖音等媒体平台,引导舆论走向,使马克思主义理论占领传播主阵地,在内容上始终坚持正确的方向,在形式上不断更新变化,适应时代发展需要,满足青年需求,以生动活泼的形式加深青年对马克思主义的认同感,增强理想信念教育的有效性。

第二,整合思想政治理论课内外资源,加强线上线下的互动。教师必须在教学实践中研究如何合理利用互联网和信息技术,激发青年接受理想信念教育的积极性。教师要在"线上和线下"两个空间内合理组织思政课教学活动,如将微电影与课堂讨论相结合,教师在课堂上讲解思政课相关内容,学生结合自己的认知制作相关的微电影,并在课堂上进行展示和讲解,把课堂内的理论知识延伸到课外。

改革开放以来我国脱贫致富的历程、成就与经验

窦一民

【摘要】 中国共产党自成立以来就将消除贫困、改善民生和实现共同富裕置于革命、建设、改革的核心位置。改革开放以来,中国脱贫致富取得了令人瞩目的成就,已全面建成小康社会,顺利完成党的第一个百年奋斗目标,这一骄人成绩引起各国政府和学者的广泛关注与研究。本文将脱贫致富的生动实践历程和成就置于中国特色社会主义发展进程中,深入剖析脱贫致富的中国经验。

【关键词】 改革开放;脱贫致富;成就;经验

一、改革开放以来我国脱贫致富的历程

(一)基本解决温饱问题

党的十二大正式确立了小康战略目标;党的十三大正式确立了"三步走"的发展战略。这一时期,也是中国开始改革开放伟大征程的起程时期,一面加快对外开放,一面对内实行了更全面广泛的经济体制改革。通过调整经济结构,以邓小平同志为核心的党的第二代中央领导集体确立了新的经济发展战略模式,并对国有企业进行改革,逐步扩大企业自主经营的权

利和范围,在农村地区进行了一系列体制改革,促进经济发展,实现农民收入增长,对于缓解贫困起了重要作用。

(二) 人民生活实现总体小康

1986年,国务院办公厅正式成立贫困地区经济开发领导小组(而后正式更名为"国务院扶贫开发领导小组"),开启了有组织、有计划、大规模的扶贫工作。1994年,国务院颁布了《国家八七扶贫攻坚计划》,并决定:"从一九九四年到二〇〇〇年,集中人力、物力、财力,动员社会各界力量,力争用七年左右的时间,基本解决目前全国农村八千万贫困人口的温饱问题。"① 自此中央以专项扶贫贷款、以工代赈、财政发展基金三项专项扶贫资金的投入,将贫困地区最贫困的乡、村、户作为扶持的重点②。此外,我国率先实施"西部大开发"战略,加强地区的帮扶力度。与此同时,我国也推进"东西扶贫协作""定点扶贫"等社会扶贫项目,取得卓有成效的成绩③。这一时期,我国已正式步入总体小康水平,但这个总体小康仍旧是发展不平衡、不全面、低水平的小康。

(三) 全面建设小康社会

鉴于我国小康水平的实际发展情形,江泽民同志代表党中央在十五大上确立了新的"三步走"发展战略,并在十六大上指出:"当人类社会跨入二十一世纪的时候,我国进入全面建设小康社会、加快推进社会主义现代化的新的发展阶段。"④ 自此全面建设小康社会就成为首要任务,中国特色社会主义事业发展新局面开启了,比如:全面取消农业税、实行免费义务教育、采取新的国家扶贫标准等。党的十七大提出"为夺取全面建设小康社会新胜利而奋斗"的新要求。在这一时期中,中国贫困人口大幅度减少,扶贫成就的取得为推进我国全面建成小康社会夯实了根基。

---

① 中共中央文献研究室编:《十四大以来重要文献选编(上)》,人民出版社1996年版,第774页。
② 张磊:《中国扶贫开发历程(1949—2005年)》,中国财政经济出版社2007年版,第77页。
③ 中共中央文献研究室编:《十五大以来重要文献选编(中)》,人民出版社2001年版,第1009页。
④ 江泽民:《全面建设小康社会,开创中国特色社会主义事业新局面——在中国共产党第十六次全国代表大会上的报告》,《求是》2002年第22期。

(四) 全面建成小康社会

党的十八大的主题是"坚定不移沿着中国特色社会主义道路前进,为全面建成小康社会而奋斗",以习近平同志为核心的党中央提出全面建成小康社会的奋斗目标,小康社会的目标由"建设"向"建成"的转变,赋予"小康"更高的标准、更丰富的内涵。党的十九大的主题是"决胜全面建成小康社会,夺取新时代中国特色社会主义伟大胜利",自此全党向决胜全面建成小康社会发起"总攻",把脱贫攻坚纳入"五位一体"总体布局、"四个全面"战略布局中,统筹谋划,形成了强大合力。这一时期,党中央实施开发式扶贫与救济式扶贫双驱动机制。一方面,靠开发式扶贫推动脱贫事业的开展和深入;另一方面,依靠社会保障为贫困人口做了兜底性的制度安排①,有效阻止返贫现象发生。随着脱贫扶贫事业的深入开展,脱贫扶贫工作迎来了攻克深度贫困的新形势,决胜脱贫攻坚成为全面建成小康社会的关键一招,党中央着力解决"两不愁三保障"问题,即使在新冠肺炎疫情的挑战下,也坚决打赢了脱贫攻坚战。2012—2020 年,现行标准下 9 899 万农村贫困人口全部脱贫,832 个贫困县全部摘帽,12.8 万个贫困村全部出列,创造了"中国奇迹"。2021 年 7 月 1 日,习近平总书记在庆祝中国共产党成立 100 周年的大会上庄严宣告"在中华大地上全面建成了小康社会,历史性地解决了绝对贫困问题"②。

二、改革开放以来我国脱贫致富所取得的辉煌成就

改革开放以来经过几代领导集体和中国人民的不懈奋斗,中国特色社会主义脱贫致富事业取得了伟大历史性成就,这一成就体现在经济、政治、文化、社会、生态五个方面的整体提升上,也是对改革开放以来党和人民艰苦奋斗的最好证明和回报。

---

① 文建龙:《中国共产党与中国扶贫事业:改革开放以来扶贫重心转移的路径与动因》,社会科学文献出版社 2018 年版,第 79 页。
② 习近平:《在庆祝中国共产党成立 100 周年大会上的讲话》,人民出版社 2021 年版,第 2 页。

(一) 解放生产力和发展生产力,消除绝对贫困,经济体系更加完善

脱贫致富是社会主义的本质要求,改革开放是实现这一要求的重要手段。改革开放政策实施以来,我国始终贯彻执行以经济建设为中心这一原则不动摇,不断解放和发展生产力,及时调节、释放经济发展的潜力,创造了中国经济增长的奇迹。1978年,在当时的贫困标准下,我国贫困发生率高达97.5%,国内生产总值(GDP)仅有3 679亿元,约占美国经济总量的6.3%,同时仅相当于全球GDP的1.8%[①]。截至2020年底,在现行贫困标准下,我国贫困发生率为0,历史性解决了绝对贫困的世界难题,GDP高达101.6万亿元,占美国GDP的71%,相当于世界经济总量比重的17%,稳居世界经济体第二位。

此外,我国经济结构发生巨变,在经济高速发展的助力下,2020年末中国城镇化率超过60%,数以亿计的农村人口向城镇化人口蜕变,第三产业成为中国经济发展的支柱产业,也实现传统农业向现代化工业的跃迁,制造业稳居世界第一。在经济飞速发展的同时,我国不断增强整体综合实力、提升国际核心竞争力、提高国际品牌影响力,坚持新发展理念,共建"一带一路",依靠"内循环"带动"外循环",持续完善经济结构,实施经济高质量发展战略,为全面建设社会主义现代化国家提供了不竭动力和可行路径。

(二) 社会更加民主,人权更有保障,制度更加完善

人民就是江山,江山就是人民。脱贫致富也是重大政治问题。不断扩大人民民主和保障人民当家作主的权利是中国特色社会主义民主政治发展的重要目标。新中国成立后,特别是改革开放以来,我国切实推进人民代表大会制度和民主协商制度建设,深化机构和行政体制改革,系统、科学、高效地推进中国特色社会主义民主政治的发展[②]。这一系列举措极大地丰富了人民民主的内容,健全了我国民主政治建设体系,充分调动了人民群众参与基层民主建设和自治的积极性、能动性和创造性,同时也充分尊重、保障和促进人权。

"生存是享有一切人权的基础",脱贫致富、全面建成小康社会为各项

---

① 谢伏瞻:《全面建成小康社会的理论与实践》,《中国社会科学》2020年第12期。
② 肖贵清、乔惠波:《改革开放40年与小康社会建设》,《探索》2018年第5期。

人权和民主事业的协调发展奠定了坚实的物质基础。在开启全面建设社会主义现代化国家的进程中,中国共产党将继续谱写中国人权和民主事业的崭新篇章。党的十八大以来,我们党在具体实践基础上科学、规范、高效地推进制度创新构建起科学、系统、规范的规章制度,有机地促进各项体系制度日趋成熟、完备。此外,我们党始终坚持科学立法、严格执法、公正司法、全民守法,加大力度推进社会主义法律体系趋于完善,加快法治政府的构建,着力实现社会生活各方面总体实现有法可依,用强有力的法律制度为全面建设社会主义现代化国家、实现中华民族伟大复兴的中国梦保驾护航①。

(三)科技创新能力、社会文明程度显著提高

全面建成小康社会不仅仅是让人民的口袋鼓起来,更是要让人民的思想丰富起来,既要物质文明,也要精神文明,两者相辅相成,并驾齐驱。因此,我国不断加大国民教育投入,保证每个人都能够接受良好的教育,促进社会文明整体进步。改革开放以来,我国经济发展速度之快离不开教育的发展和科技的创新。从1978年至今,我国九年制义务教育巩固率达到95%以上,高等院校规模居世界首位,科技水平赶超发达国家,知识产权和专利申请居世界前列,教育推动科技创新,为新产业新产品赋能。反过来,科技也推动教育改革升级,持续推动中国向更高标准进军,不断走向世界舞台中央。

我国综合国力稳步提升,文化认同感逐步增强。中华优秀传统文化得到弘扬与传播,社会主义核心价值观深入人心,国家科技文化实力和影响力不断扩大,这些成就使中国人的精神面貌从根本上发生显著的变化。1978年至今,我国还不断加大文化服务体系的投入和完善力度,"现已经建成全国公共图书馆3 212个、全国共有美术馆618个、博物馆5 452个、群众文化机构43 687个"②。公共图书馆、美术馆、博物馆等公共设施向人民群众免费开放,科技馆、海洋馆等活动场所向公众免费提供基本文化活动项目。

(四)基础设施和基本公共服务水平稳步提升

基础设施和基本公共服务水平与人民的幸福感、获得感呈正相关。经

---

① 谢伏瞻:《全面建成小康社会的理论与实践》,《中国社会科学》2020年第12期。
② 《中华人民共和国文化和旅游部2020年文化和旅游发展统计公报》,文化和旅游部网站,2021年7月5日。

过党和人民的艰苦奋斗,中国真正实现了"幼有所育、学有所教、劳有所得、病有所医、老有所养、住有所居、弱有所扶"的基本公共服务目标,提高了人民生活的幸福指数。

经过40多年的艰苦奋斗,我国基础设施建设取得惊人的成绩,公路、高铁通车总里程居世界首位,全国医疗卫生机构(医院、基层医疗机构、公共卫生机构)大幅增长,极大地改善了贫困地区的出行和卫生条件。随着基础设施的完善,贫困地区可以依托当地资源优势建立起一批批有资源、服务和品牌的产业,带动当地就业,减低失业率,增加收入。与此同时,城乡公共卫生服务体系初步建成,城乡居民基本养老保险和基本医疗保险全覆盖,切实提高了人民的幸福感、获得感。

(五)生态环境明显改善

生态环境恶化是全人类共同面临的一大问题,我国在脱贫致富的道路上,通过不断学习和总结经验,充分意识到环境保护的重要性,特别是党的十八大以来,从战略层面上稳步推动绿色生产和生活方式的转变,取得卓越的成绩。

空气质量总体改善,水能、风能、天然气等清洁能源消费占总能源消费比例逐年增加,空气质量达标城市数量不断攀升,空气更加清新。水土资源明显改善,水利监管部门加大水体监管治理,遏制湖泊富养问题,打击污染企业非法排污。林业部门实施的退耕还林还草,有效遏制水土流失、荒漠化和沙化等问题,扎实推进净土保卫战,有效降低土地污染风险。乡村人居环境不断改善,各级政府不断加强村容村貌建设,农村卫生厕所普及、水污染治理不断取得成绩,垃圾分类回收工作落到实处,这些从总体上改善了乡村的人居环境。

三、改革开放以来我国脱贫致富的经验总结

(一)始终坚持中国特色社会主义发展之路,高举马克思主义理论旗帜

新中国成立后,在马克思科学社会主义理论的指导下,中国共产党立足现实,领导中国人民走上了一条社会主义国家的建设之路。关于社会主

义现代化建设怎么搞,如何治理一个国家,这是我们党面临的一大难题,没有教科书可以参考,只能自己摸着石头过河。

脱贫致富的现代化进程中,中国之所以取得如此辉煌成就,就在于我们将马克思主义先进理论与中国现实国情有机融合,从而开辟了具有中国特色的社会主义道路。这一具有中国特色的社会主义道路是马克思主义基本原理同中国具体实际相结合的结晶,并被不断赋予新的内涵和标准,凝聚着党和人民的智慧。在中国特色社会主义理论的指引下,我国实施改革开放这一重大决策,将社会主义现代化建设与脱贫致富相结合,走中国式现代化道路,从"小康目标"到"全面建成小康社会",总结出了中国特色社会主义反贫困理论,全面建成小康社会并不是中国脱贫致富事业的终点,而是中国脱贫致富事业的一个关键节点,这也是历史唯物主义的根本遵循。

(二)始终坚持党的领导这一根本制度

倘若没有中国共产党坚强、科学的领导,我们无法取得如此辉煌的成就。习近平总书记也曾在多种场合和会议强调坚持党的领导的重要性和原则性。

我们党在脱贫致富进程中的领导作用体现在:一是中国共产党为脱贫致富创造了一个稳定的政治和社会环境。我们党深深认识到经济发展是摆脱贫困的最关键一步,经济的稳步发展离不开和谐安定的社会环境,中国共产党团结带领人民主动应对国内外棘手问题,有效地解决社会各种矛盾,积极协调各方利益。事实证明只有在中国共产党的坚强领导下才能取得巨大成就,才能保证社会和谐稳定,才能全面建成小康社会。二是科学的顶层设计。我们党始终坚持科学谋划、加强顶层设计、统揽全局,制定符合国情和发展阶段的方针政策,不断丰富社会主义现代化的目标和实践路径,为脱贫致富制定详细的时间表和绘制明确的路线图。三是加强党的自身建设。在面临各种困难和挑战时,我们党不断增强政治和战略定力,坚定"四个自信",坚定理想信念毫不动摇。

坚持党的领导,就要团结各族人民一起集中力量办大事,坚持全国上下一盘棋,在前进道路中不畏任何艰难险阻,抱着"逢山开道,遇水搭桥"的奋斗精神冲破前进中的一切阻碍，发出磅礴力量。坚持党的领导，就要不断强化党的领导能力和执政能力，始终保持我们党的先进性和纯洁性，切实发挥基层党组织在社会主义现代化建设进程中的战斗堡垒作用。

（三）始终恪守以人民为中心的坚定立场

人民是历史的创造者，为人民谋利益、谋幸福，这是马克思主义历史唯物主义的基本观点。在社会主义现代化和脱贫致富的进程中，我们党始终坚持以人民为中心，坚持人民的主体地位，秉持"一切为了人民，一切依靠人民，一切成果由人民共享"的坚定立场。党的根基在人民，党的力量在人民，人民立场是党的根本政治立场。"只有依靠人民，充分发挥人民群众的积极性、能动性和创造性，才能推动社会主义共同富裕事业的稳步向前。"①全面建成小康社会体现出我们党始终坚持的"为中华民族谋复兴，为人民谋幸福"的初心和使命。

第一，坚持人民主体性，人民既是我们党的服务对象，也是呵护对象。改革开放以来，邓小平同志提出"贫穷不是社会主义"的论断，江泽民指出"中国共产党代表最广大人民的根本利益"，胡锦涛提出"让发展成果惠及人民"。在新时代，习近平总书记强调，要"顺应人民群众对美好生活的向往，坚持以人民为中心的发展思想"。

第二，依靠人民的主体力量，人民是社会发展的推动力，人民的需求和愿望就是社会前进和发展的方向。广大党员干部也是人民群众的一分子，脱贫致富的事业离不开人民的支持，必须充分依靠人民群众的力量，激发人民群众的内生动力，充分调动人民群众的能动性、积极性。

第三，坚持发展成果由人民共享，小康社会是人民的小康社会，所取得的成就也应由人民共享。

（四）始终积极开展国际合作

改革开放以来，中国打开国门，面向世界。在经济全球化的浪潮下，我们党深刻认识到，中国的发展离不开世界，世界的发展也离不开中国。中国还积极倡导"人类命运共同体"，愿意同世界各国一道为解决人类贫困问

---

① 陈理：《深刻总结全面建成小康社会的成功经验，更好开启全面建设社会主义现代化国家新征程》，《党的文献》2020年第5期。

题而努力,既不断汲取他国脱贫经验,也向世界贡献中国智慧和方案。

第一,积极开展各国减贫合作,树立负责任的大国形象。中国全面建成小康社会,充分证实中国脱贫方案的可行性,也给全球减贫事业带来信心。

第二,引领和推动世界减贫事业的发展和前进,中国用自身的发展成果增强在全球贫困治理过程中的话语权。

第三,积极参与和倡导国际合作,为世界贫困治理贡献中国智慧和方案。中国率先参与联合国倡导的脱贫联盟,积极开展南南合作,继续倡导"一带一路"建设,带动发展中国家共同发展。

第四,坚持多边主义,加强地区的交流与合作,抵制"霸权主义""单边主义",重塑世界秩序正义,促进世界和平发展。

"大思政"视域下高校生态文明思想教育初探

唐佳敏

【摘要】 党的十八大以来,生态文明建设被纳入"五位一体"总体布局,在生态文明思想教育越来越受重视的当下,高校加强生态文明思想教育迫在眉睫。然而当前高校生态文明思想教育的现状喜忧参半,仍然存在着主体重视不足、内容分量不足、形式创新不足等几大问题。"大思政"是当前思想政治教育的一种创新理念和方法,能够为破解当前高校生态文明思想教育中的问题提供有益借鉴,即以"大生态教育"理念为引领,整合高校生态文明思想教育的教育主体,建立覆盖高校教育教学、校园生活全过程的教育链条,进而形成贯通校内校外、融合线上线下的全方位育人大格局。构建"大思政"视域下全员参与、全过程覆盖、全方位渗透的高校生态文明思想教育新模式,为推动生态文明建设取得新进展提供有力帮助。

【关键词】 "大思政";高校;生态文明思想教育

随着生态文明建设上升到国家战略高度,生态文明教育越来越受到党中央和全社会的高度重视。2015 年,《中共中央 国务院关于加快推进生态文明建设的意见》提出"把生态文明教育作为素质教育的主要内容"①。2017年,《国家教育事业发展"十三五"规划》明确提出"增强学生生态文明素养"的培养任务和"强化生态文明教育,将生态文明理念融入教育全过程"的要求②。2021年,生态环境部等六部门制定了《"美丽中国,我是行动者"提升公民生态文明意识行动计划(2021—2025年)》,要求深入学习宣传贯彻习近平生态文明思想,加强生态文明宣传教育工作,引导全社会牢固树立生态文明价值观念和行为准则③。在这种背景下,进一步加强高校生态文明思想教育迫在眉睫。面对当下喜忧参半的高校生态文明教育现状,应当借鉴"大思政"的教育理念,形成"大生态教育"思路,构建全员参与、全过程贯穿、全方位协同的高校生态文明思想教育新模式。

一、高校加强生态文明思想教育迫在眉睫

高校生态文明思想教育是以高校大学生为教育对象,以马克思恩格斯生态文明思想、中国共产党历代主要领导人生态文明思想,特别是新时代习近平生态文明思想为主的教育指导思想,以正确处理人与自然关系为根本基点,培养具有正确生态文明思想理念,能够在实践中科学认识和对待自然、社会与人三者之间的关系,形成保护生态环境、节约生态资源等正确生态文明行为的高素质全面发展的大学生为目的的教育。当前国家如此重视生态文明思想教育,也明确要求加强高校生态文明思想教育,这是公民生态文明教育全过程中的重要一环,已经迫在眉睫,其主要原因就在于以下几点:

第一,这是实现"美丽中国"目标的需要。从党的十七大报告首次明确提出"生态文明"理念,到党的十八大报告独立成篇论述生态文明蓝图,生态文明建设被写入党章、写入宪法,再到党的十九大报告中,习近平总书记首次提出到21世纪中叶建成"美丽中国"的目标,这些无不深刻体现了生

---

① 《中共中央 国务院关于加快推进生态文明建设的意见》,中国政府网,2015年5月5日。
② 《国家教育事业发展"十三五"规划》,中国政府网,2017年1月10日。
③ 《"美丽中国,我是行动者"提升公民生态文明意识行动计划(2021—2025年)》,中国政府网,2021年3月1日。

态文明建设的重要地位。生态文明是继原始文明、农业文明、工业文明之后的一种新的文明形式,是中国共产党为推进中国特色社会主义事业向前迈进所作出的"五位一体"总体布局的重要组成部分。生态文明建设功在当代、利在千秋,是关系人民福祉、关乎民族未来的大计,是实现中华民族伟大复兴中国梦的重要内容。加强高校生态文明思想教育,就是为实现"美丽中国"目标打下了重要基础,是符合党和国家顶层设计基本要求的必然选择。

第二,这是培养具有生态文明素养的时代新人的需要。在生态文明建设的顶层设计下,新时代培养具有生态文明素养的时代新人的使命与任务落到了高校。首先,因为学校是对青少年进行生态文明思想教育的主要场所,在开展生态文明思想教育的过程中发挥着主要作用。高等教育阶段更是直接承担着向社会输送人才的重任,受教育者的生态文明思想意识状况将直接影响他们走出校门后对待生态环境的态度。只有把高校生态文明思想教育办好了,未来的时代新人才能是具有生态文明素养、符合时代要求的人才。其次,从学生成长发展的身心规律来看,进入大学以后,大学生开始对生态文明建设有了更多自己的看法与见解,生态文明习惯也在逐渐养成,对生态环境的认识、人与自然的关系等的理解也基本形成。在这一阶段加强生态文明思想教育,使大学生全面学习生态文明思想理论知识,树立正确的生态文明理念,形成节能环保、尊重自然的文明习惯,提高他们的生态文明素养,可直接或间接能够影响到我国建设生态文明社会这项战略任务的实现。

第三,这符合共建地球生命共同体的理念。从宏观视野、长远视角来看高校生态文明思想教育的必要性,这为保护全球生态环境、保护全人类共同的地球家园做出了贡献。面对生态问题的挑战,人类是一荣俱荣、一损俱损的命运共同体,中国在加强本国生态文明建设的同时,也正以全球生态文明建设的重要参与者、贡献者、引领者身份,深入推进国际友好合作,为其他国家提供生态文明建设的中国智慧与中国方案。高校大学生作为新时代青年,被国家、民族、时代寄予厚望,不仅仅在于青年是本国建设的重要脊梁,更在于"青年是国家的未来,也是世界的未来。中国梦与世界梦息息相通,中华民族应该对人类社会作出更大贡献"①。要提高新时代青年保护生态环境的责任感与使命感,让青年在世界生态文明建设的进程中贡献必不可少的蓬勃力量。因此高等教育阶段中的生态文明教育必须加强,高校生态文明思想教育必须稳步推进,这符合整个人类社会共建地球生命共同体的价值追求。

二、当前高校生态文明思想教育喜忧参半

生态文明思想教育自20世纪70年代由环境教育发端以来,经历了可持续发展教育的丰富和发展,在理论与实践的深化过程中正逐步走向成熟②。环境教育阶段,党和国家就已经意识到要从大学生抓起,在大学启动环境教育,重点放在对环境科学及环境教育的学科建设与相关人才的培养上。在首次全国环境保护会议之后,我国正式作出《关于保护和改善环境的若干决定》,其中对我国高等教育方面开展环境教育作了说明:"有关大专院校要设置环境保护的专业和课程,培养技术人才。"③可持续发展教育阶段,我国政府于1994年正式颁布《中国21世纪议程——中国21世纪人口、环境与发展白皮书》,提出在教育改革中要加强对受教育者的可持续发展思想的灌输,在高等学校普遍开设"发展与环境"课程,设立与可持续发展密切相关的研究生专业④。

到生态文明思想教育阶段,在高等教育方面,到2005年为止,我国共有200余所高校开设各类不同层次(含大专、本科、硕士、博士、博士后)的环境专业教育,而且专业设置呈现出以污染控制和生态保护类为主的特征,向社会输送了数以万计的环境科学专业人才,为我国的环境保护事业作出了重要贡献⑤。目前高校生态文明思想教育可谓喜忧参半,在对生态

---

① 习近平:《在纪念五四运动100周年大会上的讲话》,人民出版社2019年版,第18页。
② 杜昌建、杨彩菊:《中国生态文明教育研究》,中国社会科学出版社2018年版,第53页。
③ 中国环境科学研究院环境法研究所、武汉大学环境法研究所:《中华人民共和国环境保护研究文献选编》,法律出版社1983年版,第11页。
④ 《中国21世纪议程——中国21世纪人口、环境与发展白皮书》,中国环境科学出版社1994年版,第34页。
⑤ 黄承梁:《生态文明简明知识读本》,中国环境科学出版社2010年版,第287页。

文明思想教育有所重视的前提下,还是没有做到深入推动大学生生态文明思想教育入脑入心。生态文明思想教育应该是面向全部学生的思想培养与行为倡导,因此除了加强对专门的环境专业学生的教育以外,在对其他专业学生生态文明思想教育的培养上,主要有以下几点不足:

第一,教育主体对生态文明思想教育的重视不足。目前高校生态文明思想教育主要是通过开展思想政治理论课实现的,部分专任思想政治教师并没有在思想政治理论课中重视生态文明思想教育,在教学过程中容易将此内容一笔带过,没有让学生形成深刻的生态文明思想意识。对于大学生来说,高校的思想政治理论课仍然以教师灌输式的讲授为主,在被动学习的情况下就容易出现学习兴趣不高的问题。因此,在思想政治理论课本身对大学生就没有很大吸引力的前提下,在课堂上让大学生接受生态文明思想教育就更难了。另外,高校中其他课程老师也属于教育主体的一部分,但目前高校生态文明思想教育几乎都没有做到全员参与,对生态文明思想教育的重视不够。

第二,生态文明思想教育的内容分量不足。当前高校生态文明思想教育主要通过思想政治理论课来进行,目前在2021年新版的《毛泽东思想和中国特色社会主义理论体系概论》中对中国共产党人的生态文明思想有所涉及,可见国家对生态文明建设的重视程度,然而在实际的教学中,有关生态文明思想教育的教学内容仍然并不充分。另外,对此的实践教育内容缺乏,这就导致目前高校生态文明思想教育存在过于形式化的问题。

第三,对生态文明思想教育形式的创新不足。"高校现行生态教育主要采取学科渗透,大学生希望设置独立课程。"①高校现有的生态文明思想教育方式较为单一。例如以文科类专业为主的高校在开展生态文明思想教育时多数仅靠思想政治理论课来实现,而以理工科专业为主的高校和综合类高校尽管能够独立开展生态文明思想教育,但其中也存在着专业差异的区别,即理工科专业的学生受到的教育方式更丰富,与理工科的知识联系较紧密。整体来看,当前高校生态文明思想教育主要还是以课堂教学为

---

① 彭妮娅:《生态教育的现状及路径——践行生态文明思想走可持续发展之路》,中国财政经济出版社2019年版,第57页。

主,实践教育严重缺乏,在特别强调"坚持理论性和实践性相统一"的当下,高校生态文明思想教育更需要重视实践的重要性,创新教育形式。

三、"大思政"视域下深化高校生态文明思想教育

"大思政"是当前思想政治教育的一种创新理念和方法,指的是一种"从全局上加强大学生思想政治教育总的看法和从根本上改进大学生思想政治教育的总的方法。它以'以人为本、尊重人的发展'为哲学基础,以'育人为本、德育为先'为工作理念,以'全员育人、全过程育人、全方位育人'为方法论"[①]。在这一理念下,不仅思想政治理论课专任老师要承担大学生思想政治教育任务,而且还要求其他课程老师、党政干部、辅导员、组织员乃至全体教职工都参与到大学生思想政治教育中。上述新理念、新实践为破解当前高校生态文明思想教育中的问题提供了有益借鉴,即以"大生态教育"理念为引领,整合高校生态文明思想教育的教育主体,构建覆盖高校教育教学、校园生活全过程的教育链条,进而形成贯通校内校外、融合线上线下的全方位育人的大格局。

第一,全员参与,凝聚高校生态文明思想教育主体合力。"大思政"视域下,要求高校全体教职工参与高校生态文明思想教育之中。这就要求思想政治理论课老师在进行生态文明思想教育的过程中要从哲学、伦理学、美学等诸多学科角度阐述生态环境与人类生存和发展之间的内在联系,力求在理论性、系统性上不出错,抓好专业性。除了思想政治理论课的专任老师外,其他课程老师也应该培养学生的生态文明意识,或者在高校设置"人类生态学"等公共基础课程,达到协同育人的效果。辅导员可以介入学生日常生活,从观念上改变大学生的生态文明意识。组织员可以带动学生成立生态文明思想学习小组、绿色社团、垃圾分类指导小组等学生组织,让学生在学与用中形成生态文明习惯。此外,要多渠道、多方式引进专业素质高、教学能力好、组织能力强的师资力量,一支专业化、高素

---

① 储德峰:《高校"大思政"教育模式的特征及理念》,《中国高等教育》2012年第20期。

质、多层次的生态文明思想教育师资队伍,可形成高校生态文明思想教育的最大合力。

第二,全过程覆盖,建立高校生态文明思想教育实践链条。德国环境教育协会和教师培训中心的赫尔曼教授研究发现:在学校传授的环境知识,大约只有10%可以转化为环境意识,而环境意识和对环境友好的行为之间也只有约10%的转化率。而从知识到行动的转化中,阅读可以转化10%,听可以转化20%,边听边看可以转化30%,讨论可转化50%～60%,动手去做可以转化75%,向别人讲述可以转化90%[①]。因此,生态文明思想教育必须更多依靠实践,在此基础上将生态文明思想意识转化为自觉的友好的生态文明行动。因此,高校要构建丰富多样的生态文明思想教育实践平台,让大学生在日常行动中有所作为。"大思政"视域下,更广阔的生态文明实践平台可以通过校企合作等形式实现,建立生态文明思想教育实践基地,增强高校生态文明思想教育的实践性。同时,还可以积极倡导大学生针对生态环境问题进行实地调研,组织情景剧、演讲、辩论赛等形式多样的活动,在"世界环境日""世界地球日""世界水日""植树节"等纪念日,开展宣传教育活动,培养大学生的生态道德素质,锻炼其社会实践能力。

第三,全方位渗透,构建高校生态文明思想教育大格局。家庭和学校是理论知识重要的学习场所,社会是检验理论知识掌握情况的主要实践基地。综合家庭教育、高校教育和社会教育,进行全方位的生态文明思想教育,构建高校生态文明思想教育的大格局,是实现生态文明思想教育可持续推进的主要方法。一是要做好家庭生态文明思想教育。家庭是社会的基本细胞,是实施生态文明思想教育的理想场所,也是个人形成生态文明思想意识的重要微环境。因此,要倡导学生从节水、节能、保护生态环境、"光盘行动"等小事做起,让学生始终保持生态文明思想理念和习惯。二是要做好社会生态文明思想教育。可以利用"互联网＋"平台,打通"线上＋线下"通道、"校内＋校外"通道,实现教育资源的流动。同时,在社会上推

---

① 崔建霞:《公民环境教育新论》,山东大学出版社2009年版,第51—52页。

行低碳生活、注重垃圾分类等活动,让学生在参与社会活动中接受生态文明思想教育。

据此,通过积极构建"大思政"视域下全员参与、全过程覆盖、全方位渗透的高校生态文明思想教育新模式,能够为推动高校生态文明思想教育迈上新台阶、社会主义生态文明建设取得新进展提供有力帮助。

新时代构建高校网络学生路线的对策探析

邹春雨

【摘要】 网络思想政治教育需要借鉴群众路线的经验,更好地将教育者正确的主张转化为学生的自觉行动,从而提高网络思想政治教育的实效性。面对网络环境复杂化、网络行为失范危害大学生根本利益、教育者对网络思想政治教育不适应等现实难题,需要从根本上树立网络学生观,为网络思想政治教育"搭平台",对大学生"系真情",让网络思想政治教育"接地气",在网络空间"扬正气",从而构建起新时代网络学生路线。

【关键词】 群众路线;网络学生路线;思想政治教育

由于互联网的飞速发展,网络已经成为一种新的生活方式,习近平总书记高度重视网络空间的治理和互联网的宣传工作,指出:"要加强网上正面宣传,旗帜鲜明坚持正确政治方向、舆论导向、价值取向。"①如今高校思想政治教育主动占领网络空间,引导舆论导向,取得一系列成果,网络思想政治教育的意见领袖应运而生,预示着网络思想政治教育进入新时代,也迎来了新的挑战。党的思想政治工作本质上是群众工作,必须坚持走群众

---

① 习近平:《习近平谈治国理政(第三卷)》,外文出版社 2020 年版,第 306 页。

路线。学生是高校网络思想政治教育最大的群众,因此要积极构建网络学生路线,提高网络思想政治教育的实效性。

一、网络学生路线含义辨析

(一) 网络学生路线

网络学生路线源于党的群众路线,群众路线是党的根本路线,具有深厚的理论渊源与实践基础。

马克思主义唯物史观是群众路线的理论基础,马克思主义认为人民群众是社会历史的创造者,是社会物质财富和精神财富的创造者,是社会历史变革的决定力量。马克思从现实的人和人的实践活动角度出发,揭示了人类社会的发展规律,表明了人民群众在社会历史发展中的决定作用,这成为群众路线的指导思想。在这种思想的指引下,中国共产党领导人民基于中国革命的实践,对其进行总结提升和创新发展,形成了中国化马克思主义的重要成果——群众路线。

毛泽东同志指出:"在我党的一切实际工作中,凡属正确的领导,必须是从群众中来,到群众中去。这就是说,将群众的意见(分散的无系统的意见)集中起来(经过研究,化为集中的系统的意见),又到群众中去作宣传解释,化为群众的意见,使群众坚持下去,见之于行动,并在群众行动中考验这些意见是否正确。然后再从群众中集中起来,再到群众中坚持下去。如此无限循环,一次比一次地更正确、更生动、更丰富。"[①]当前网络已经成为人们的生存方式,网民来自人民,群众路线紧跟时代的步伐向网络空间延伸,形成了网络群众路线。习近平总书记指出:"各级党政机关和领导干部要学会通过网络走群众路线,经常上网看看,潜潜水、聊聊天、发发声,了解群众所思所愿,收集好想法好建议,积极回应网民关切、解疑释惑。善于运用网络了解民意、开展工作,是新形势下领导干部做好工作的基本功。各级干部特别是领导干部一定要不断提高这项本领。"[②]习近平总书记的讲

---

① 《毛泽东选集(第三卷)》,人民出版社1991年版,第899页。
② 习近平:《习近平谈治国理政(第二卷)》,外文出版社2017年版,第336页。

话是对网络群众路线的高度概括,是对群众路线的创新和发展。

众所周知,群众路线的本质在于发挥人民群众的主体作用。人民群众是历史的真正创造者,具有无穷无尽的力量。中国共产党作为先锋队带领群众前进,帮助群众找到努力的方向,最终目的在于让群众发挥力量,创造幸福生活。马克思也曾指出劳动者是自己解放自己。进入网络时代,人民的主体意识增强,表达诉求的机会增多,群众路线之所以要上网就是为了汇集民智,让人民的主体作用得以充分发挥。

网络群众路线为新时代网络思想政治教育提供了新的视角。构建网络学生路线,继承了群众路线的优良传统,有利于提高网络思想政治教育的实效性。

(二) 网络学生路线的内涵

网络学生路线可理解为:一切为了学生,一切依靠学生,从学生中来,到学生中去,将教育者的正确主张变为学生的自觉行动。关键在于以学生为中心,充分发挥学生的主体性,激发学生主动参与、自主学习,依靠学生群体的力量,实现教学相长。

1. 构建网络学生路线是密切师生联系的新举措

第一,网络学生路线丰富了师生的联系方式。大学生是网络的原住民,微博、微信、QQ等是大学生常用的软件,他们借助这些平台自由地发表言论,这些内容是他们的真情流露,代表着他们最真实的想法。教育者借助互联网可以及时掌控一手信息,打破师生间的阻隔,有利于倾听学生最真实的声音,从而改进教学。

第二,网络学生路线拉近了师生间的距离。构建网络学生路线为师生提供了更多的交流机会,便于教育者进一步走进学生的内心世界,了解学生;而更适应网络交流的大学生也容易放下戒备心理,向老师吐露心声。网络交流氛围轻松,在一次次良性互动中,教育者与受教育者可以增进感情,化解矛盾。

2. 构建网络学生路线是发挥学生主体作用的重要渠道

大学生受过良好的教育,蕴藏着巨大的潜力,在网络中他们具有与教育者一样的主体地位。目前部分大学生能通过多种网络渠道留言,对高校提出意见和建议，具有较强的自主性。构建网络学生路线有利于教育者在网上收集学生意见，主动占领网络思想政治教育阵地，也有利于受教育者充分发挥自己的主观能动性，主动表达自己的想法和诉求。

3. 构建网络学生路线创新了思想政治教育的工作方法

网络学生路线在方法上遵循"从学生中来，到学生中去"，便于深入学生群体了解学生的所思所想。正如习近平总书记所说："要多一些包容和耐心，对建设性意见要及时吸纳，对困难要及时帮助，对不了解情况的要及时宣介，对模糊认识要及时廓清，对怨气怨言要及时化解，对错误看法要及时引导和纠正，让互联网成为我们同群众交流沟通的新平台，成为了解群众、贴近群众、为群众排忧解难的新途径。"[①]高校教育者要经常上网看看，了解学生所思所愿，收集学生意见，取其精华去其糟粕，再将其纳入教学体系中并在实践中加以检验，使自己的教学方式更加适合学生。不同于传统思想政治教育的方法，网络学生路线强调与学生打成一片，通过网络这个大平台贴近学生，在师生平等的对话中实现教学目的。

二、阻网之忧：新时代构建网络学生路线的困境

（一）囿于"网络无用"的认知偏见

第一，部分教师认为网络信息不可信、不科学，对构建网络学生路线存在抵触心理。青年大学生上了网，高校思想政治教育也应该与时俱进搬到网上。但由于受传统教育观念的影响，有的教师习惯于通过开班会、开座谈会等形式征求学生的意见和建议，结果往往很少有人积极建言献策。而有的教师认为互联网的虚拟性导致学生在网上容易无所顾忌、信口雌黄，其表达的意见不具有参考价值。这种传统思维导致教育者对网络产生偏见，影响了其在网络上对学生进行思想政治教育的意愿。

第二，对利用互联网密切联系学生的重要性认识不够。有的教育者未能在网络上摆正自己的位置，仅利用网络晒风景、晒自拍等，娱乐休闲倾向明

---

① 习近平：《习近平谈治国理政（第二卷）》，外文出版社2017年版，第336页。

显而对社会热点事件不及时发声，不与学生进行讨论，也不引导学生做出正确的判断，始终保持沉默。此外有的教育者没有意识到要根据学生的需要转变话语风格。传统的思想政治教育语言严谨、风格正式，而网络语言则幽默、有趣。教育者如果不在语言上进行改革创新，就会降低学生群体的接受度。

（二）网络行为失范是阻碍网络学生路线构建的首要问题

网络行为失范是指网络行为主体违背了一定的社会规范和所应遵循的行为准则要求，而在虚拟的电子空间里出现行为偏差，或者因为不适当地接触和使用互联网络而导致行为偏差的情况①。网络行为失范表现的形式十分多样，包括网络暴力、网络色情污染、网络诈骗和网络病毒等。

第一，近几年来大学生频频遭遇淘宝兼职刷单骗局。诈骗人员抓住大学生想勤工俭学、轻松赚钱的心理，通过刷单任务首单小额返现的手段让大学生放下戒备，再诱导其逐渐加大资金投入，使其越陷越深直至上当受骗。骗子还通过校园贷、网络购票等手段骗取大学生的钱财，严重损害了大学生的根本利益。

第二，大学生沉迷网络，荒废学业。一是大学生心智发育还未完全成熟，缺乏社会经验，分不清网络和现实之间的边界，容易沉迷于网络中的某个虚拟角色无法自拔。二是大学生的趋同心理严重，部分大学生为了获得所在团体的认同，盲目随波逐流。长期沉迷网络有可能导致大学生人格扭曲，甚至产生杀人或自杀等严重后果。

（三）网络追星是阻碍网络学生路线构建的主要原因

越来越多的青年大学生成为追星族，他们在网上花时间花金钱为偶像投票，追星俨然成为大学生的精神寄托。有的大学生模仿网红，盲目认同网红的人生观和价值观，表示自己想当网红。由追星产生的非主流文化，如"饭圈文化"不利于大学生树立正确的价值观念。因此，教育者必须要引导大学生理性追星，正确认识偶像对于他们的意义。

（四）网络环境复杂化不利于大学生树立正确观念

网络上众声喧哗，"人人都有麦克风"，各种观点、思潮扑面而来，阻碍

---

① 柏定国：《网络传播与文学》，中国文史出版社2008年版，第35页。

了大学生形成正确的思想观念和价值取向。一方面网络信息鱼龙混杂,真假难辨,对大学生的网络素养提出了较高的要求;另一方面部分西方国家凭借技术优势加快其价值观念、政治制度的对华输出,以"普世价值"为核心的意识形态渗透,加剧了大学生价值观念的多元分化。享乐主义、拜金主义、自由主义、虚无主义等颇具攻击性的社会思潮,冲击着马克思主义理论在我国意识形态领域的主导地位,部分大学生出现政治信仰不坚定、思想动摇的情况。尤其是"佛系""躺平"等词语的流行,预示着构建网络学生路线的紧迫性。

三、用网之道:新时代构建网络学生路线的对策

(一)构建网络学生路线要树立网络学生观

思想是行动的先导,传统教育观念对教育者具有十分深刻的影响,树立网络学生观是构建网络学生路线的前提,能否将网络上来源于学生的意见有机地转化为教学的参考,取决于教育者是否具有网络学生观念。教育者应把网络当作密切联系学生的平台,在网络上贴近学生、尊重学生,收集学生意见以调整自己的教学思路,使教学工作与时俱进,充分满足学生的需求。网络是青年大学生重要的社交场所,教育者要时常上网看看,相信学生,依靠学生的优势,利用网络学生路线这一法宝做好网络思想政治教育,不断提升网络思想政治教育的能力。

(二)搭平台:构建网络学生路线的基本手段

网络是师生沟通的桥梁,要畅通师生联系的渠道,与学生进行有效沟通并加强正面宣传。

第一,要找准学生常用的网络平台。例如抖音在大学生群体中影响很大,"晒抖音、刷抖音、评抖音成为当下大学生的生活常态。同时,抖音以其不可阻挡的态势深刻影响着高校的日常教学活动、学生文化活动和校园生活环境,大学生抖音现象悄然成风"[①]。因此要积极开发抖音的思想政治

---

① 骆郁廷、李勇图:《抖出正能量:抖音在大学生思想政治教育中的运用》,《思想理论教育》2019年第3期。

教育功能,满足大学生的"胃口",增强思想政治教育的吸引力。有教师将抖音背景音乐与我国四大发明相结合,用以培养学生的爱国主义情怀,获得众多网友点赞支持。总之,教育者要及时研究学生感兴趣的新事物,找准学生上网的主阵地。

第二,互动方式要多样化。找到学生所在的网络阵地后,要采取多种方式与学生进行互动。教育者可以对网络舆论事件及时发声,正面宣传,引导学生正确辨别信息,理性看待网络舆论,帮助学生开阔眼界,提升精神境界。

第三,要完善平台的回复功能,及时回答学生问题,释疑解惑。高校可安排部分教育者在特定的时间,集中在网络上为学生答疑或在评论区及时回复学生的疑问。也可以通过网络直播的方式,对直播时评论区的留言进行解答疑惑。

(三)系真情:构建网络学生路线的情感需要

教师要对学生倾注感情,动之以情,才能晓之以理,不能为谈感情而谈感情。

第一,教育者要关心学生的网络生活,时刻关注学生的上网动态。例如通过微博间接了解到学生上网经常谈论的话题,对他们的兴趣和爱好等了然于胸。通过微信聊天的方式,直接询问学生的学习和生活近况,与学生经常进行朋友圈互动,使学生切实感受到浓浓的师生情谊。

第二,思想政治教育本身就是有"温度"的学科,它不仅注重学生在知识上的掌握,更重要的是强调学生精神境界的提升,突出学科的人文关怀。部分大学生精神世界荒芜,缺乏正确的价值观念,网络思想政治教育要把这正向的精神力量和价值取向通过网络载体传递给学生,这也是网络思想政治教育的本质所在。

(四)接地气:构建网络学生路线的客观要求

第一,教育者要提升自身的网络素养,增强"用网"能力。大学生善于接受新鲜事物,他们往往比教育者更加关注网络新技术的发展程度与应用体验,非常适应网络生存,在这些方面教师与他们相比则略显逊色,因此教育者要加强学习互联网技术,能够制作"接地气"的网络思想政治教育素材。

第二,要将马克思主义理论转化为学生喜爱的表达形式。理论语言严肃枯燥、深刻难懂,教育者在进行教育时可以灵活转化,将理论故事化。用幽默的"网言网语"和生动的案例使教学深入人心。这要求教育者要有扎实的专业功底和较强的网络表达能力,能够将学生常用的网络语言和理论内容有机结合,提高理论的说服力和影响力。

第三,要满足学生感性化的阅读需求,利用网络对思想政治教育的内容进行包装。网络思想政治教育的内容,"要适应移动网络时代青年人注意力模式从整体系统的纯理论、纯文字模式向碎片零散的图文并茂、动画视频模式的新变化,对习近平新时代中国特色社会主义思想进行理论的感性化、视觉化、图像化重构,以青年网民喜欢的模式推送,吸引青年的注意力才能产生影响力"①。

(五)扬正气:构建网络学生路线的必然选择

网络空间是意识形态斗争的战场,是亿万人民共同的精神家园,面对网络低俗、恶搞和境外渗透等现象,要敢于指出其恶劣影响并予以纠正,加强技术创新,筑牢意识形态安全的"防火墙"。同时要塑造大学生乐于接受的网络文化,以社会主义核心价值观为基础,积极传播正能量,弘扬主旋律,使网络空间正气充盈。正如习近平总书记所说:"我们要本着对社会负责、对人民负责的态度,依法加强网络空间治理,加强网络内容建设,做强网上正面宣传,培育积极健康、向上向善的网络文化,用社会主义核心价值观和人类优秀文明成果滋养人心、滋养社会,做到正能量充沛、主旋律高昂,为广大网民特别是青少年营造一个风清气正的网络空间。"②

(六)构建网络学生路线需制定具体制度

制定关于实施网络学生路线的制度,是构建网络学生路线的根本保障,要为密切师生关系提供制度化的渠道,用制度来保障网络学生路线的贯彻实施。构建网络学生路线是一个长期的过程,需要持之以恒的努力,

---

① 蒲清平、谭竹希:《移动互联网时代主流意识形态网络传播特征与策略研究》,《思想理论教育导刊》2020年第8期。

② 习近平:《习近平谈治国理政(第二卷)》,外文出版社2017年版,第337页。

为了避免半途而废就要在制定制度上下功夫,使网络学生路线规范化。

制定网络学生路线的具体制度首先应致力于完善师生线上表达机制,促进师生平等自由交流。开展网络思想政治教育需要广大师生的参与,网络学生路线的生命力就在于此。其次要有维护师生利益的机制,不仅要维护学生的利益,还要维护教师的利益。在网络学生路线的实行过程中,要求教师发挥主体作用,但高校教师往往科研压力大,课程任务重,对此需要减轻教师压力,减少人为干涉,否则师生在网上的密切联系将无法实现。

网络舆论视域下大学生思想政治教育路径探究

蒋玲玲

【摘要】 新时代,随着网络技术的深入发展,网络舆论环境变得日益复杂。大学生是网络舆论的重要参与者,他们的人生观、价值观和世界观的发展与成熟不可避免地会受到网络舆论的影响。当前,网络舆论对大学生产生的消极影响主要有削弱了思想政治教育者的权威,侵蚀了大学生的价值观,破坏了思想政治教育的稳定性。因此,大学生应加强学习能力,提高判断能力;高校应创新教育模式和舆论引导方式;社会应强化网络舆论的监管。

【关键词】 网络舆论;思想政治教育;时代新人

中国互联网络信息中心(CNNIC)第48次《中国互联网络发展状况统计报告》显示,截至2021年6月,我国网民规模为10.11亿人,互联网普及率达71.6%。在我国网民群体中,20—29岁的网民占比17.4%。数据表明,新时代大学生是重要的网民群体,网络舆论对大学生的影响已经不容忽视。面对这种情况,高校要紧跟网络时代的发展,积极探索网络舆论和大学生思想政治教育之间的关系,分析网络舆论对大学生思想政治教育产生的影响,进而推动新时代大学生思想政治教育的发展和创新。

一、网络舆论与大学生思想政治教育的关系

网络舆论和大学生思想政治教育有着非常密切的关系,它们之间相互影响、相互作用。习近平总书记指出:"互联网是一个社会信息大平台,亿万网民在上面获得信息、交流信息,这会对他们的求知途径、思维方式、价值观念产生重要影响。"①网络舆论就像一把双刃剑,既给高校思想政治教育带来了机遇,也带来了挑战。大学生是实现中国梦的重要力量,坚定的政治立场和正确的价值观是新时代大学生必备的素养。高校思想政治教育要坚持对网络舆论的正面引导,践行立德树人的使命。

(一)网络舆论对大学生思想政治教育的积极影响

1. 网络舆论增强了大学生参与思想政治教育的主体性

网络舆论能体现出新时代大学生对国家发展命运的关注度,是新时代大学生维护自身权益、反映自身诉求的突出表现。在传统的思想政治教育模式中,学生处于被动接受的地位,其对于思想政治教育课程的参与欠缺主动性和积极性,而网络舆论的迅猛发展,极大地改变了这一现状。身处新时代大学生可以充分运用网络平台,根据自己的认知发表网络言论,充分体现了大学生的主动性和创造性。在网络舆论中,大学生的主体地位得到尊重。同样,在高校思想政治教育中,随着对网络舆论的关注,大学生会主动参与到思想政治教育课堂中,与老师就某一问题进行充分探讨,形成师生双向互动的课堂模式。这种双向互动不仅有利于激发大学生参与思想政治教育讨论的热情,也凸显了新时代大学生的主体地位。

2. 网络舆论增加了大学生思想政治教育内容的丰富性

纷繁复杂的网络舆论中夹杂着各种各样的新闻及热点事件,这已经成为新时代大学生接收信息的主要渠道,为大学生思想政治教育带来了鲜活的教育素材。传统的思想政治教育教学的素材时效性较差,导致教育内容与现实脱节,难以反映当今社会发展的新面貌、新问题。开放、多样的网络

---

① 习近平:《习近平谈治国理政(第二卷)》,外文出版社2017年版,第335页。

舆论中包含了大量的信息资源，思想政治教育者可以将这些信息整理成一个资料库，在开展相关教育工作时将这些信息与知识点有效串联起来，引用实例分析理论，这有利于增强理论的可信度、说服力和可信度。

3. 网络舆论丰富了大学生思想政治教育路径的多样性

随着互联网技术的更新和发展，网络舆论的载体也日益多样。博客、论坛、微博、微信、抖音等都成为网络舆论的载体。这些载体使用方便，覆盖面广，网络舆论通过这些载体得以快速、有效传播，并且被大学生广泛接收。既然网络舆论深受大学生的关注，那么将网络舆论与大学生思想政治教育结合起来，这会使大学生更加愿意接受。现在各大高校几乎都有自己的微博、微信账号，且也在陆续开通B站、抖音等新媒体账号，来拓展思想政治教育的途径。与此同时，针对一些负面舆论，高校要及时掌握大学生的思想动态，调整教学方法，引导舆论走向，以便达到思想政治教育的目的。

（二）网络舆论对大学生思想政治教育的消极影响

1. 网络舆论削弱了思想政治教育者的权威

思想政治教育者是国家路线、方针政策的宣讲者，是大学生思想政治教育的权威。在传统的思想政治教育教学过程中，老师处于权威地位，然而在网络舆论的视域下，大学生可以随时随地在网络上选择所需要的知识，不再局限于从老师那获取有限的信息。对于一些没有跟上网络时代的思想政治教育者，他们不了解最新的消息，在获取信息方面丧失了权威性。同时，在网络舆论环境下，大学生的主体地位得到提高，对一些问题形成了自己的看法，会对老师的部分观点持怀疑或者保留的态度，单向的灌输式的教育已经不再适用于如今的教育环境，思想政治教育者的主导地位受到了冲击。

2. 网络舆论侵蚀了大学生的价值观

"社会利益与价值的多元性通过互联网得以放大，致使社会主义核心价值观无法得到有效认同。"[①]一方面，由于社会及个人利益不同，致使大

---

① 侯劭勋：《互联网环境下大学生认同与践行社会主义核心价值观的思考》，《思想理论教育》2018年第4期。

学生对核心价值观的认同有所弱化。中国特色社会主义建设进入新时代，新时代又有许多新的社会矛盾，矛盾一旦在网络上传播就会被无限放大。大学生在参与网络舆论时，遇到与自己看法或是利益相冲突的观点时，容易产生偏激的心理，甚至发表不当言论。另一方面，网络舆论中携带着形形色色的信息，一些错误的言论就会乘虚而入，对大学生进行思想渗透。大学生对一些事情缺乏理性的判断，其价值观容易受到错误舆论的影响。

3. 网络舆论破坏了思想政治教育的稳定性

网络热点事件一经点爆就在网络上疯狂蔓延，不受时间、空间限制，覆盖范围广泛。负面舆论、消极言论再加上言语的煽动，致使一些社会问题与矛盾被无限放大，大学生的价值观出现扭曲，使思想政治教育工作变得艰巨，思想政治教育的环境也变得不稳定。因此，高校必须对网络舆论采取合理的监管措施，避免大学生的价值观受到负面舆论的引导，从而破坏整个思想政治教育工作的稳定发展。

二、网络舆论给大学生思想政治教育带来消极影响的原因分析

网络舆论对大学生思想政治教育产生的消极影响，给新时代大学生思想政治教育工作带来挑战。如何高效地、有针对性地解决网络舆论带来的消极影响，就必须找到问题背后的原因。

（一）大学生追新逐异，媒介素养不高

新时代大学生有独立的想法、张扬的个性，善于表现自己。他们借助网络舆论在虚拟世界毫无约束地表达自己的态度和看法。网络舆论赋予了他们极大的话语权，但这也使得大学生在参与网络舆论时无所顾忌，导致不良舆论迅速扩散。另外，一些正值青春叛逆期的大学生标新立异、个性张扬，偏偏站在主流思想的对立面，长此以往，很容易被消极舆论所影响。

另外，大学生的价值观、辨别是非曲直的能力尚未成熟，网络媒介素养还需要提升。网络媒介素养不足，导致大学生对网络舆论正确与否的判断还停留在自己的主观感受上，或者是盲目跟风，对事件没有一个清晰的认识和理性的判断，缺乏深度的分析和思考。长久下去，大学生容易形成扭

曲的价值观,导致思想政治教育缺乏有效性。

(二)高校认知不够,平台监管不力

部分高校对当前网络舆论环境认知不足,导致在负面舆论爆发时没有及时做好舆论引导措施。对于网络上热议的舆论,部分高校会采取置之不理的态度,甚至是阻止学生参与其中。但大学生的求知欲、好奇心强,这促使他们想要尽快了解事情真相,他们往往就会非理性地参与到网络舆论中,造成思想和行为的混乱。

我国高校网络思想政治教育起步比较晚,网络平台管理不够完善。新时代大学生思想政治教育在网络管理方面主要存在两个问题:一是高校网络平台的内容建设未能与网络舆论热点相衔接,没有及时更新大学生关注的时事热点,不能对大学生感兴趣的舆论进行科学引导,让负面舆论乘虚而入,破坏了思想政治教育的有效性。二是一些高校的网络平台的运营人员是本校辅导员或者学生,他们缺少专业的网络舆论监管能力,当大学生陷入负面舆论的陷阱时,他们往往不能采取及时有效的引导措施,从而丧失最佳的舆论引导时间。

(三)社会矛盾突出,舆论监管缺乏

社会矛盾通常是网络舆论产生的最根本的原因,社会矛盾的走向也会影响舆论的发展趋势,影响大学生的价值观念。有些反社会分子在网络上散布不实的网络信息,形成消极的网络舆论,损害党和国家的形象,破坏大学生的爱国主义信念。这不仅对社会稳定构成了一定的威胁,也给新时代大学生思想政治教育带来了挑战。

网络舆论法律法规制度尚不健全、不规范,针对性不强,这也是导致网络舆论的非理性言论和行为盛行的一个重要原因。习近平总书记指出,要"加强互联网内容建设,建立网络综合治理体系,营造清朗的网络空间"[①]。完善的法律法规制度是营造清朗的网络空间的基础,我国在网络舆论方面的法律法规仅针对危害国家的言论,对网民权利的界限和其他危害性的言论并没有良好的管理措施,这给居心叵测的人提供了法律的漏洞,使其有

---

① 习近平:《习近平谈治国理政(第三卷)》,外文出版社2020年版,第33页。

机会发表消极舆论来侵蚀新时代大学生的价值观。

三、网络舆论视域下大学生思想政治教育的优化路径

习近平总书记强调:"做强网上正面宣传,培育积极健康、向上向善的网络文化,用社会主义核心价值观和人类优秀文明成果滋养人心、滋养社会,做到正能量充沛、主旋律高昂,为广大网民特别是青少年营造一个风清气正的网络空间。"[①]在网络舆论视域下,要从学生、高校及社会三个方面积极探索大学生思想政治教育的优化路径,不断推进这项工作向前发展。

(一)大学生加强学习能力,提高辨别是非的能力

1. 以理性的态度应对网络舆论

大学生由于社会阅历和思想尚未成熟,在面对形形色色的网络舆论时并不能做出正确的判断与分析,因此新时代大学生必须要以理性的态度去应对网络舆论。这要求大学生在参与网络舆论时,要坚持正确的政治立场,保持清醒的认识,在不了解事情真相之前不造谣、不信谣、不传谣,不做盲目跟风者与传播者。另外,大学生作为网络舆论的主体,需要对网络舆论信息进行科学辨别,增强网络舆论的识别能力。要恪守网络信息安全的义务,学会从多角度对网络舆论进行辩证分析,在不断参与网络舆论的过程中学会总结经验,逐渐提高对事件的分析能力和应对能力。

2. 以饱满的热情学习思想政治教育知识

理论对实践具有重要的指导意义,思想意识对行为也有着重要的指导作用,思想意识的提高可以带动行为的进步,增强人们认识和改造世界的能力。大学生只有以积极的热情投入思想政治学习中,才能不断提升个人道德修养,从而营造出风清气正的网络舆论环境。大学生要将马克思主义理论和社会主义核心价值观等内化于心,形成自己的认知体系和正确的价值观念。新时代大学生要学会利用各种网络平台,学习党的最新理论知识,学会将理论运用于实践。在变幻莫测的网络舆论环境中,新时代大学

[①] 习近平:《习近平谈治国理政(第二卷)》,外文出版社2017年版,第337页。

生要用所学的先进理论作为自己分辨网络舆论对错、是非的标准,从而提高对舆论的辨别能力。

3. 以扎实的实践检验教育成果

社会实践是检验大学生思想政治教育成果的标准。新时代大学生是我国社会主义事业的建设者和接班人,要在社会实践中不断提升自己的思想水平。高校经常会就一些热点问题举办专家论坛,大学生可以结合自身情况,参加专门的讲座,从而帮助自己答疑解惑,避免被负面舆论所误导,做到理性地看待网络舆论。另外,大学生还可以利用课余时间多参与学校组织的文化活动,在参与社会活动中提高政治情感,巩固思想政治教育成果,用理性和智慧终结负面的网络舆论。

(二)高校创新教育模式和舆论引导方式

1. 创新思想政治教育模式

新时代大学生处在信息高度发达的社会里,传统的线下教育已经不能适应新时代的发展趋势,无论是交流的内容还是交流的频率都跟不上当前思想政治教育发展的步伐了。"高校应不断充实授课内容、丰富教学方法、创新教育模式,提高思想政治教育的针对性、有效性和吸引力,让大学生愿意来,喜欢听,有收获。"①一方面,高校思想政治教育者要紧跟时代的发展,将网络舆论与理论知识结合起来,通过理论知识与实际案例,激发学生的学习兴趣。另一方面,高校思想政治教育者要随时关注大学生常用的网络平台,及时掌握大学生的思想动态,和大学生随时进行互动,对负面舆论进行针对性的引导。

2. 积极培养校园意见领袖

网络舆论意见领袖作为网络舆论传播的主体之一,能够影响网络舆论的发展方向。高校也应该积极培养具有话语权的校园意见领袖,引导舆论走向。校园意见领袖应该具备以下素质:一是熟练掌握互联网技术;二是要有良好的网络媒介素养;三是在学生中有足够的威望。一旦有负面舆论滋生时,校园意见领袖可以在网络上发表观点,理性分析网络舆论的是与

---

① 黄军利:《浅析网络舆论对大学生思想政治教育工作的挑战与机遇》,《思想教育研究》2014年第11期。

非,引导网络舆论朝着良性的方向发展。另外,高校还可以利用自己的网络平台,经常宣传一些正能量的价值理念,对大学生思想的熏陶渗透到生活的方方面面。

3. 提高大学生网络媒介素养

媒介素养是指人们在面对不同媒体的各种信息时所表现出的信息的选择能力、质疑能力、理解能力、评估能力、创造和生产能力、思辨和反应能力。由于网络的开放性与虚拟性,使得网络舆论真伪难辨,大学生正处于价值观成熟的关键时期,对网络舆论还缺乏理性分析能力。因此,提高大学生的网络媒介素养也是高校思想政治教育的一项重要工作。高校思想政治教育要以马克思主义意识形态教育、辩证唯物主义和历史唯物主义教育为基础,结合网络舆论的典型案例,帮助大学生辨别错误信息,并且以社会主义核心价值观武装大学生的思想。

(三)社会强化网络舆论监管和引导

1. 掌握网络舆论引导主动权

"网络舆论导向调控变得难以驾驭,将极大减弱了思想政治教育的感染力,无疑加大了网络舆情管理与引导工作的难度与强度。"①面对突发性的公共热点事件,新闻媒体特别是主流媒体要在第一时间报道事情的来龙去脉,将企图散播网络谣言的苗头尽早扼杀在摇篮里,防止网民过度猜测而引发消极的网络舆论,进而避免负面舆论对大学生思想意识产生消极的影响。"用透明公开的办事方式、主流的思想来引导学生理性思考,增加舆论透明度,提供畅通无阻的交流渠道,从而净化网络环境。"②同时,只有牢牢掌握网络舆论主动权,才能主动设置议程,遏制网络舆论导向偏颇,才不会陷入被动应对局面,掉进被负面舆论牵着走的困境。

2. 加强网络舆论法制化管理

实行网络舆论法制化管理是营造积极健康的网络舆论环境的基础,网络法制化管理主要包括网络舆论法制法规的制定和执行。当前针对网络的管理和监管,国家已经出台了《互联网信息服务管理办法》《信息自由法》

---

① 李超民、邓露:《近五年来国内意识形态领导权研究述评》,《求实》2017年第4期。
② 陈荣明:《网络舆论在高校思想政治教育中的应用研究》,《江苏高教》2018年第12期。

等法律法规,取得了一定的成效。但面对网络谣言泛滥、虚假信息防不胜防等问题,现行的法律法规还做不到全面监管。因此,有关引导与治理网络舆论的法律法规亟待完善。此外,关于网络舆论的法律法规只有执行到位,才能真正有效。

3. 大力研发网络安全技术

面对网络舆论对新时代大学生产生的消极影响,相关部门需要采取不同的方式对网络舆论进行整治。不断研发网络安全技术是为了能从源头上将网络舆论的负面影响降到最低。一方面,从源头处管理舆论就是要在技术上构筑有效的"防火墙"和"过滤网"。另一方面,要利用大数据对网络舆论进行判断与分析,进而能够准确地引导网络舆论,帮助大学生形成正确的价值观念。

自媒体视域下大学生榜样教育的实效性研究

葛 秀

【摘要】 榜样教育作为思想政治教育的一种重要方法,其对改造人的思想、激励人们追求进步的作用不言而喻。随着自媒体的蓬勃发展,大学生的榜样教育呈现出新的时代特点,对于传统的榜样教育教学提出了挑战。因此,要创新榜样教育的形式,推动榜样教育的内容和方式与时俱进,从而充分发挥榜样教育的示范引导作用。

【关键词】 自媒体;大学生;榜样教育;实效性

随着互联网普及率的提升,"微传播"成为群众进行信息交流的主要方式,自媒体成为微传播的最主要媒介。除了微博、微信等微媒体平台,各类手机应用程序也被广泛使用。根据中国互联网络信息中心(CNNIC)发布的第 48 次《中国互联网络发展状况统计报告》显示,截至 2021 年 6 月,我国网民规模为 10.11 亿人,互联网普及率达 71.6%。互联网应用和服务的广泛渗透构建起数字社会的新形态:8.88 亿人看短视频、6.38 亿人看直播,短视频、直播正在成为全民新的生活方式。当前,短视频、直播等形式已融入了大学生的生活,对大学生的思想、心理和行为等产生影响。作为新时代的追梦人,大学生处于逐梦的年龄,肩负着实现中国梦的重任。开展大学生榜样教育,既是应对自媒体时代对榜样教育提出的挑战,又是提升高校思想政治教育实效性的需要。

一、自媒体视域下大学生榜样教育的特点

榜样教育既是公民教育的重要内容,也是大学生思想政治教育的重要方式。随着互联网技术的蓬勃发展,自媒体越来越受青年的喜爱。自媒体以其高隐匿性、低门槛性和强大的交互性,为大学生榜样教育提供了一种全新的方式。

(一)榜样内涵通俗化

榜样教育的作用是无穷的,榜样教育作为高校思想政治教育的重要方法,对大学生的世界观、人生观和价值观起到引导示范作用。心理学研究指出,人们的思想观念和行为大多是通过社会学习或者模仿而习得的。社会学习理论的创始人班杜拉指出:"人生活在一定的社会条件下,人通常是在社会情境下,通过观察和模仿,学习到了很多行为。"[1]社会学习理论指出,人的行为可以通过观察学习获得,但是获得什么样的行为以及行为的表现如何,则有赖于榜样的作用。

从以往榜样教育的经验来看,不同时代下榜样的选取标准虽有所不同,但是基于传统的榜样教育方式,选取的榜样对于公众而言几乎是没有任何瑕疵和缺陷的。从某种程度上看,这样的榜样选取标准也是对于特定的时代要求的回应,曾发挥了重要的作用。但是,"无论是道德宣扬还是榜样教育,都需要回归现实生活世界"[2]。自媒体时代,从"最美人物"到"感动中国"人物,再到时代楷模、五四奖章获得者,这一榜样群体,他们的行为是自发的,反映出的是蕴藏在内心深处的大爱与良善。这些榜样因其从生活中来,所以他们所展现的品质更显得难能可贵。

---

[1] 班杜拉:《社会学习理论》,陈欣银、李伯黍译,辽宁人民出版社1989年版,第32页。
[2] 张波、陆沪根:《从榜样教育到共同体精神培育:社会道德教育模式的转变——以"最美现象"为例》,《中州学刊》2016年第4期。

（二）榜样产生多元化

在传统的榜样教育中,榜样的选取通常是在各行业中寻找优秀典型,并在主流报纸上进行宣传。榜样产生的过程中,社会公众的参与度不够,使得其在榜样教育学习过程中的能动性不强。随着人们的价值观念日益多元化,这一榜样的产生机制难以与社会公众的需求相衔接,导致人们的学习意愿不强,从而也降低了榜样教育的实效性。

自媒体时代,榜样的产生源自人们对真善美行为的发自内心的认同。那些对真善美行为的认可和赞赏,经过自媒体"裂变式"的传播,被冠以"最美",从而形成话题热度,具有广泛的社会影响力。随着自媒体舆论话题的持续发酵,主流媒体也会以主流价值观为评判标准,将反映时代要求和促进社会发展的人物、事迹纳入宣传中。贴近生活实际的榜样,拉近了榜样人物与民众的距离,来自平凡生活的榜样,激发民众学习的意愿。

（三）榜样宣传自主化

在自媒体环境下,榜样教育的主体和客体发生了改变。在传统榜样教育中,教育主体与教育客体的地位是不对等的。在传统的榜样教育过程中,以单向的课堂灌输为主要形式,教师作为教育主体,对于榜样人物的选取、榜样精神品质的凝练等发挥作用。教育客体对于榜样的理解决定了最终的教育效果。在这一教育过程中,作为教育对象的大学生,一方面在教育主体的指导下接受榜样教育的相关内容,另一方面将榜样教育的内容外化为自身的行为。自媒体时代,信息的传播形式发生了变化,信息的接受者同时也是信息的生产者,这一双重的身份极大地增强了大学生参与信息共建的积极性,大学生可在自媒体平台上分享自己的所见所闻,发表切身感悟。

二、自媒体视域下大学生榜样教育的现状

随着互联网的不断发展,自媒体平台在高校的思想政治教育中得到不断应用。充分利用自媒体平台进行榜样教育,是提高榜样教育实效性的关键。目前,大学生榜样教育难以取得预期的成效,主要由以下几方面造成:

（一）榜样人物选取脱离实际

自媒体时代下，榜样的产生具有自发性的特点，具有平凡性和真实性的人物，才能够真正打动人。但是有些高校对于榜样人物的选取仍沿袭传统模式，主要包括蕴含民族精神和传统民族道德的历史英雄人物，具有典型代表性的行业精英等；对于榜样人物的形象进一步拔高，对榜样精神内涵进一步延伸，使得榜样形象超现实化、神圣化和完美化，学生无法将榜样人物的品质和思想做到内化于心、外化于行。社会心理学研究指出，人们在生活中更倾向于学习有与自己生活经历相似的人，因此单一的英雄式、传奇式的榜样人物让学生产生敬而不学的心理。

（二）榜样宣传过程单向性

当前，随着互联网的不断发展，教育教学也开始呈现出信息化的特点，但大学生榜样教育仍旧以传统的教育灌输为主，无论是现代化信息的使用，还是多样化社会信息的运用，都存在明显不足。榜样教育要取得预期的成效，榜样人物的选取应该与受教育者的实际需求相协调，从而激发受教育者的学习兴趣。但是目前大学生的榜样教育形式单一，并未给学生选择榜样的自主性。此外，传统的教育宣传方式与自媒体的融合度不高，由于教育工作者媒介素养有缺失，导致其对于信息化教育媒介的使用程度不够。高校自媒体网络教育平台缺乏专业的管理人员，没有形成相应的信息反馈机制，从而阻塞了教育信息的传递，降低了榜样教育的实效性。

（三）榜样教育内容针对性不强

每一个人作为现实社会中的人，文化背景、成长经历不尽相同，受众的差异化对榜样教育提出了更高的要求。当前，大学生的榜样教育存在教育内容的针对性不强、对教育对象的认识和把握不够等问题，主要体现在对榜样事迹的宣传上，以"高大尚"的人物为主，缺乏对现实生活中的真善美的内容所进行的宣传。不同的社会主体具有不同的社会需求，自媒体的不断发展和应用进一步推动了这种需求的差异化。在这样一个信息多元化的时代，对榜样的宣传缺乏针对性，就无法满足学生的个性化需求。因此，教育者要直面当前榜样教育内容针对性不强的问题。

三、自媒体视域下提升大学生榜样教育实效性的对策

自媒体时代重塑了信息传播的方式,对于提升大学生榜样教育的实效性具有重要的意义。因此要创新榜样教育的形式,推动榜样教育内容和方式与时俱进,从而充分发挥榜样教育的示范引导作用。

(一)榜样人物的选取要立足生活,在平凡中见伟大

榜样人物的选取,要立足生活、贴近生活实际,这样才能引起人们的共鸣,也更能够打动人。榜样典型过于完美化,容易与受众产生距离,为受教育者树立了一个可望而不可即的道德目标,从而降低了学生的自我效能感,也就难以将榜样的作用和精神内化为自己行动的准则。

榜样教育要想达到预期的效果,就要从满足受教育者的实际需求出发。马克思指出,在现实的世界中,人们有多种需要,人的需要即为人的本性。因此,榜样教育要从受教育者的需要出发,引导受教育者形成正确的认知,激发受教育者的情感共鸣,从而促进其心理及行为发生变化。心理学指出,观察学习作为榜样教育实现的主要形式,吸引受教育主体的注意是榜样教育是否成功的关键。研究表明,榜样如果在年龄、经历、社会背景以及价值观等方面与受教育者有相似性,那么这更能够激发受教育者的学习动机。

对于榜样人物的选取,要立足生活,于平凡中见伟大。榜样来自生活,榜样或许是平凡人,但是他们所具有的精神品质又使得他们不平凡。

(二)榜样教育过程要增强互动性,变单向为双向

从当前榜样教育呈现出的新特点来看,在自主学习的过程中,受教育者主动学习的愿望被激发了。因此在大学生的榜样教育活动中,要增强榜样教育的互动性,变单向为双向。

榜样选取过程的双向性。榜样的选取应结合受教育者自身的学习规律,贴近受教育者的实际需求,从而发挥出榜样教育的有效性。在此基础上,对于榜样人物的选取应尊重学生的意愿,在榜样选取过程中体现学生的自主性。此外,学校要积极弘扬社会主义核心价值观,让社会主义核心

价值观深入人心。因此,要在榜样选取的过程中改变当前传统的官方单向推送模式,以学生为主体,形成良性互动。

榜样宣传过程的双向性。在以往的榜样教育中,以自上而下的课堂灌输形式为主,而与自媒体平台的发展不协调的是缺乏专业的平台管理人员,缺乏相应的反馈机制,从而造成了信息的阻塞。教育工作者无法及时了解和处理受教育者在榜样教育中遇到的困难。因此,要提升教育工作者的媒介素养,帮助其克服畏难情绪,促使其充分运用自媒体平台,与学生进行交流互动,实现榜样教育的目标。

(三) 榜样教育内容要具有针对性,坚持差异化原则

教育要实现预期的效果,需要对教育对象有准确的认识。不同的教育对象具有不同的需求,反映在榜样教育中就是要坚持差异化原则,尊重多样的教育需求,立足教育主体,制定符合教育对象实际需求和认知规律的教育内容,增强榜样教育的针对性。

自媒体的蓬勃发展反映了人们对于多样化需求的渴望。因此,教育工作者应意识到,树立标准化的榜样典型只会让榜样教育流于形式,难以达到实际效果。因此,教育工作者对于榜样内容的选取,应该结合受教育者的人格特质、心理倾向和价值取向等,合理规划,争取使榜样教育的内容符合学生的需求。

后 记

　　习近平总书记在庆祝中国共产党成立100周年大会上的重要讲话中,明确提出"坚持把马克思主义基本原理同中国具体实际相结合、同中华优秀传统文化相结合"的重要思想。思想政治课教师在日常教学中必须做到深入贯彻"两个结合"重要思想,努力培养担当民族复兴重任的时代新人。

　　本论文集既是师生教与学"两个结合"重要思想的创新成果,又是师生贯彻落实教育部发布的《关于在思政课中加强以党史教育为重点的"四史"教育的通知》的学术结晶。全书分为教师篇和学生篇,教师篇主要探讨了如何贯彻"两个结合"重要思想,以党史教育为重点的"四史"教育融入思想政治理论课的路径,培养时代新人与思想政治教育的关系、方法等,这些成果充分体现了"以科研带动教学,以教学促进科研"的理念,从这个意义上说,算得上宝贵的教学科研成果。学生篇主要涉及学生学习党史的心得和作为时代新人对高校生态文明思想教育、大学生榜样教育、人类命运共同体等的思考。尽管学生的许多观点确实需要深化,但这毕竟是他们学术上独立思考的尝试。从这个意义上说,这必将对他们未来的发展产生深远的影响。特别需要指出的是,论文集中肯定有许多不妥之处,敬请专家学者批评指正。

徐世甫

2021 年 9 月